AF388728

VIE

DE

BEETHOVEN

OUVRAGES DE M. ROMAIN ROLLAND

LIBRAIRIE HACHETTE ET Cie

Le Théâtre de la Révolution. Un vol. in-16, br. . . . .   3 fr. 50

On vend séparément : *Le 14 Juillet. — Les Loups.*
Chaque vol. in-16, br. . . . .   1 fr. 50

Le Théâtre du Peuple. Essai d'esthétique d'un théâtre
nouveau. Un vol. in-16, br. . . . .   3 fr. 50

Musiciens d'autrefois. Un vol. in-16, br. . . . .   3 fr. 50

Musiciens d'aujourd'hui. Un vol. in-16, br. . . . . . .   3 fr. 50

VIES
DES HOMMES ILLUSTRES

Vie de Beethoven. Un vol. in-16, br. . . . .   2 fr. »

Vie de Michel-Ange. Un vol. in-16, br. . . . .   2 fr. »

Vie de Tolstoï. Un vol. in-16, br. . . . .   2 fr. »

LIBRAIRIE OLLENDORFF

Jean-Christophe. Quatre vol. in-16, br.

I. *L'Aube.* Un vol.
II. *Le Matin.* Un vol.
III. *L'Adolescent.* Un vol.
IV. *La Révolte.* Un vol.

Jean-Christophe à Paris. Trois vol. in-16, br.

I. *La Foire sur la Place.* Un vol.
II. *Antoinette.* Un vol.
III. *Dans la Maison.* Un vol.

La Fin du Voyage.

I. *Les Amies.* Un vol. in-16, br.

Chaque vol. . . . .   3 fr. 50

1114-11. — Coulommiers. Imp. PAUL BRODARD — P8-11.

VIES DES HOMMES ILLUSTRES

ROMAIN ROLLAND

VIE

DE

BEETHOVEN

CINQUIÈME ÉDITION

PARIS

LIBRAIRIE HACHETTE ET Cie

79, BOULEVARD SAINT-GERMAIN, 79

1911

Cette Vie de Beethoven a été publiée pour la première fois, en Janvier 1903, aux « Cahiers de la quinzaine ».

L'air est lourd autour de nous. La vieille Europe s'engourdit dans une atmosphère pesante et viciée. Un matérialisme sans grandeur pèse sur la pensée, et entrave l'action des gouvernements et des individus. Le monde meurt d'asphyxie dans son égoïsme prudent et vil. Le monde étouffe. — Rouvrons les fenêtres. Faisons rentrer l'air libre. Respirons le souffle des héros.

La vie est dure. Elle est un combat de chaque jour pour ceux qui ne se résignent pas à la médiocrité de l'âme, et un triste combat le plus souvent, sans grandeur, sans bonheur, livré dans la solitude et le silence. Oppressés par la pauvreté, par les âpres soucis domestiques, par les tâches écrasantes et stupides, où les forces se perdent inutilement, sans espoir, sans un rayon de joie, la plupart sont séparés les uns des autres, et n'ont même pas la consolation de pouvoir donner la main à leurs frères *dans le malheur, qui les ignorent, et qu'ils ignorent. Ils ne doivent compter que sur eux-mêmes; et il y a des moments où les plus forts fléchissent sous leur peine. Ils appellent un secours, un ami.*

C'est pour leur venir en aide, que j'entreprends de grouper autour d'eux les Amis héroïques, les grandes âmes qui souffrirent pour le bien. Ces Vies des Hommes illustres *ne s'adressent pas à l'orgueil des ambitieux; elles sont dédiées aux malheureux. Et qui ne l'est, au fond? A ceux qui souffrent, offrons le baume de la souffrance sacrée. Nous ne sommes pas seuls dans le combat. La nuit du monde est éclairée de lumières divines. Même aujourd'hui, près de nous, nous venons de voir briller deux des plus pures flammes, la flamme de la Justice et celle de la Liberté : le colonel Picquart, et le peuple des Boers. S'ils n'ont pas réussi à brûler les ténèbres épaisses, ils nous ont montré la route, dans un éclair. Marchons-y à leur suite, à la suite de tous ceux qui luttèrent comme eux, isolés, disséminés dans tous les pays et dans tous les siècles. Supprimons les barrières du temps. Ressuscitons le peuple des héros.*

Je n'appelle pas héros ceux qui ont triomphé par la pensée ou par la force. J'appelle héros, seuls ceux qui furent grands par le cœur. Comme l'a dit un des plus grands d'entre eux, celui dont nous racontons ici même la vie : « Je ne reconnais pas d'autre signe de supériorité que la bonté. » *Où le caractère n'est pas grand, il n'y a pas de grand homme, il n'y a même pas de grand artiste, ni de grand homme d'action; il n'y a que des idoles creuses pour la vile multitude : le temps les détruit ensemble. Peu nous importe le succès. Il s'agit d'être grand, et non de le paraître.*

La vie de ceux dont nous essayons de faire ici l'histoire, presque toujours fut un long martyre. Soit qu'un tragique destin ait voulu forger leur âme sur l'enclume de la douleur physique et morale, de la misère et de la maladie; soit que leur vie ait été ravagée, et leur cœur déchiré par la vue des souffrances et des hontes sans nom dont leurs frères étaient torturés, ils ont mangé le pain quotidien de l'épreuve; et s'ils furent grands par l'énergie, c'est qu'ils le furent aussi par le malheur. Qu'ils ne se plaignent donc pas trop, ceux qui sont malheureux : les meilleurs de l'humanité sont avec eux. Nourrissons-nous de leur vaillance; et, si nous sommes trop faibles, reposons un instant notre tête sur leurs genoux. Ils nous consoleront. Il ruisselle de ces âmes sacrées un torrent de force sereine et de bonté puissante. Sans même qu'il soit besoin d'interroger leurs œuvres, et d'écouter leur voix, nous lirons dans leurs yeux, dans l'histoire de leur vie, que jamais la vie n'est plus grande, plus féconde, — et plus heureuse, — que dans la peine.

⁂

En tête de cette légion héroïque, donnons la première place au fort et pur Beethoven. Lui-même souhaitait, au milieu de ses souffrances, que son exemple pût être un soutien pour les autres misérables, « et que le malheureux se consolât en trouvant un malheureux comme lui, qui, malgré tous les obstacles de la nature, avait fait tout ce qui était en son pouvoir, pour devenir un homme digne de ce nom ». *Parvenu par des années de luttes et d'efforts surhumains à vaincre sa peine et à accomplir sa tâche, qui était, comme il disait, de souffler un peu de courage à la pauvre humanité, ce Prométhée vainqueur répondait à un ami qui invoquait Dieu :* « O homme, aide-toi toi-même ! »

Inspirons-nous de sa fière parole. Ranimons à son exemple la foi de l'homme dans la vie et dans l'homme.

ROMAIN ROLLAND.

Janvier 1903.

BEETHOVEN

Woltuen, wo man kann,
Freiheit über alles lieben,
Wahrheit nie, auch sogar am
Throne nicht verleugnen.

BEETHOVEN.
(Feuille d'album. 1792.)

« Faire tout le bien qu'on peut,
Aimer la Liberté par-dessus tout,
Et, quand ce serait pour un trône,
Ne jamais trahir la vérité. »

Il était petit et trapu, de forte encolure, de charpente athlétique. Une large figure, de couleur rouge brique, sauf vers la fin de sa vie, où le teint devint maladif et jaunâtre, surtout l'hiver, quand il restait enfermé, loin des champs. Un front puissant et bosselé. Des cheveux extrêmement noirs, extraordinairement épais, et où il semblait que le peigne n'eût jamais passé, hérissés de toutes parts, « les serpents de Méduse[1] ». Les yeux brûlaient d'une force prodigieuse, qui saisit tous ceux qui le virent; mais la plupart se trompèrent

1. J. Russel (1822). — Charles Czerny, enfant, qui le vit en 1801, avec une barbe de plusieurs jours et une crinière sauvage, vêtu d'un veston et d'un pantalon en poil de chèvre, crut rencontrer Robinson Crusoé.

sur leur nuance. Comme ils flambaient d'un
éclat sauvage dans une figure brune et tragique,
on les vit généralement noirs; ils ne l'étaient
pas, mais bleu gris [1]. Petits et très profondément enfoncés, ils s'ouvraient brusquement
dans la passion ou la colère, et alors roulaient
dans leurs orbites, reflétant toutes leurs pensées
avec une vérité merveilleuse [2]. Souvent ils se
tournaient vers le ciel avec un regard mélancolique. Le nez était court et carré, large, un
mufle de lion. Une bouche délicate, mais dont
la lèvre inférieure tendait à avancer sur l'autre.
Des mâchoires redoutables, qui auraient pu
broyer des noix. Une fossette profonde au
menton, du côté droit, donnait une étrange
dissymétrie à la face. « Il avait un bon sourire,
dit Moscheles, et dans la conversation, un air
souvent aimable et encourageant. En revanche,
le rire était désagréable, violent et grimaçant,

1. Note du peintre Kloeber, qui fit son portrait vers 1818.
2. « Ses beaux yeux parlants, dit le docteur W.-C. Müller, tantôt gracieux et tendres, tantôt égarés, menaçants et
terribles » (1820).

du reste court », — le rire d'un homme qui n'est pas accoutumé à la joie. Son expression habituelle était la mélancolie, « une tristesse incurable ». Rellstab, en 1825, dit qu'il a besoin de toutes ses forces pour s'empêcher de pleurer, en voyant « ses doux yeux et leur douleur poignante ». Braun von Braunthal, un an plus tard, le rencontre à une brasserie : il est assis dans un coin, il fume une longue pipe, et il a les yeux fermés, comme il fait de plus en plus, à mesure qu'il approche de la mort. Un ami lui adresse la parole. Il sourit tristement, tire de sa poche un petit carnet de conversation; et, de la voix aiguë que prennent souvent les sourds, il lui dit d'écrire ce qu'on veut lui demander. — Son visage se transfigurait, soit dans ses accès d'inspiration soudaine qui le prenaient à l'improviste, même dans la rue, et qui frappaient d'étonnement les passants, soit quand on le surprenait au piano. « Les muscles de sa face saillaient, ses veines gonflaient; les yeux sauvages devenaient deux fois plus terribles ; la bouche tremblait ; il avait l'air d'un enchanteur vaincu par les démons qu'il avait évoqués. » Telle une figure de Shakespeare [1] ; Julius Benedict dit : « Le roi Lear ».

*
* *

Ludwig van Beethoven naquit le 16 décembre 1770 à Bonn, près de Cologne, dans une misérable soupente d'une pauvre maison. Il était d'origine flamande [2]. Son père était un ténor inintelligent et ivrogne. Sa mère était

1. Kloeber dit : « d'Ossian ». Tous ces détails sont empruntés aux notes d'amis de Beethoven, ou de voyageurs qui le virent, — tels que Czerny, Moscheles, Kloeber, Daniel Amadeus Atterbohm, W.-C. Müller, J. Russel, Julius Benedict, Rochlitz, etc.

2. Le grand-père Ludwig, l'homme le plus remarquable de la famille, celui à qui Beethoven ressemblait le plus, était né à Anvers, et ne s'établit que vers sa vingtième année à Bonn, où il devint maître de chapelle du prince-électeur. — Il ne faut pas oublier ce fait, si l'on veut comprendre l'indépendance fougueuse de la nature de Beethoven, et tant de traits de son caractère qui ne sont pas proprement allemands.

domestique, fille d'un cuisinier, et veuve en premières noces d'un valet de chambre.

Une enfance sévère, à laquelle manqua la douceur familiale, dont Mozart, plus heureux, fut entouré. Dès le commencement, la vie se révéla à lui comme un combat triste et brutal. Son père voulut exploiter ses dispositions musicales et l'exhiber comme un petit prodige. A quatre ans, il le clouait pendant des heures devant son clavecin, ou l'enfermait avec un violon, et le tuait de travail. Peu s'en fallut qu'il ne le dégoûtât à tout jamais de l'art. Il fallut user de violence pour que Beethoven apprît la musique. Sa jeunesse fut attristée par les préoccupations matérielles, le souci de gagner son pain, les tâches trop précoces. A onze ans, il faisait partie de l'orchestre du théâtre; à treize, il était organiste. En 1787, il perdit sa mère, qu'il adorait. « Elle m'était si bonne, si digne d'amour, ma meilleure amie ! Oh ! qui était plus heureux que moi, quand je pouvais prononcer le doux nom de mère, et qu'elle pouvait l'entendre[1]? » Elle était morte phtisique; et Beethoven se croyait atteint de la même maladie; il souffrait déjà constamment; et il se joignait à son mal une mélancolie, plus cruelle que le mal même[2]. A dix-sept ans, il était chef de famille, chargé de l'éducation de ses deux frères; il avait la honte de devoir solliciter la mise à la retraite de son père, ivrogne, incapable de diriger la maison : c'est au fils qu'on remettait la pension du père, pour éviter que celui-ci la dissipât. Ces tristesses laissèrent en lui une empreinte profonde. Il trouva toutefois un affectueux appui dans une famille de Bonn, qui lui resta toujours chère, la famille de Breuning. La gentille « Lorchen », Éléonore de Breuning, avait deux ans de moins que lui. Il lui apprenait la musique et elle l'initia à la poésie. Elle fut sa compagne

---

1. Lettre au docteur Schade, à Augsbourg, 15 septembre 1787 (Nohl, *Lettres de Beethoven*, II).

2. Il disait plus tard (en 1816) : « C'est un pauvre homme, celui qui ne sait pas mourir! Quand je n'avais que quinze ans, je le savais déjà. »

d'enfance ; et peut-être y eut-il entre eux un sentiment assez tendre. Éléonore épousa plus tard le docteur Wegeler, qui fut un des meilleurs amis de Beethoven ; et, jusqu'au dernier jour, il ne cessa de régner entre eux une amitié paisible, qu'attestent les lettres dignes et tendres de Wegeler et d'Éléonore, et celles du vieux fidèle ami (*alter treuer Freund*) au bon cher Wegeler (*guter lieber Wegeler*). Affection plus touchante encore quand l'âge est venu pour tous trois, sans refroidir la jeunesse de leur cœur [1].

Si triste qu'ait pu être l'enfance de Beethoven, il garda toujours pour elle, pour les lieux où elle s'écoula, un tendre et mélancolique souvenir. Forcé de quitter Bonn, et de passer presque toute sa vie à Vienne, dans la grande ville frivole et ses tristes faubourgs, jamais il

[1]. Nous citons aux *textes* quelques-unes de ces lettres.

Beethoven trouva aussi un ami et un guide en l'excellent Christian-Gottlob Neefe, son maître, dont la noblesse morale n'eut pas moins d'influence sur lui que la largeur de son intelligence artistique.

n'oublia la vallée du Rhin, et le grand fleuve auguste et paternel, *unser Vater Rhein*, comme il l'appelle, « notre père le Rhin », si vivant, en effet, presque humain, pareil à une âme gigantesque où passent des pensées et des forces innombrables, nulle part plus beau, plus puissant et plus doux qu'en la délicieuse Bonn, dont il baigne les pentes ombragées et fleuries, avec une violence caressante. Là, Beethoven a vécu ses vingt premières années ; là se sont formés les rêves de son cœur adolescent, — dans ces prairies qui flottent languissamment sur l'eau, avec leurs peupliers enveloppés de brouillards, les buissons et les saules, et les arbres fruitiers, qui trempent leurs racines dans le courant silencieux et rapide, — et, penchés sur le bord, mollement curieux, les villages, les églises, les cimetières même, — tandis qu'à l'horizon, les Sept Montagnes bleuâtres dessinent sur le ciel leurs profils orageux, que surmontent les maigres et bizarres silhouettes des vieux châteaux ruinés. A ce pays, son cœur resta éternellement fidèle ; jusqu'au dernier instant, il rêva de le revoir, sans jamais y parvenir. « Ma patrie, la belle contrée où j'ai vu la lumière du jour, toujours aussi belle, aussi claire devant mes yeux, que lorsque je la laissai[1]. »

✶
✶ ✶

En novembre 1792, Beethoven vint se fixer à Vienne, métropole musicale de l'Allemagne[2]. La Révolution avait éclaté ; elle commençait à submerger l'Europe. Beethoven quitta Bonn juste au moment où la guerre y entrait. Sur la route de Vienne, il traversa les armées hes-

---

1. A Wegeler, 29 juin 1801 (Nohl, XIV).

2. Il y avait déjà fait un court voyage, au printemps de 1787. Il vit alors Mozart, qui semble avoir fait peu attention à lui.

Haydn, dont il avait fait la connaissance à Bonn, en décembre 1790, lui donna quelques leçons. Beethoven prit aussi pour maîtres Albrechtsberger et Salieri. Le premier lui enseigna le contrepoint et la fugue ; le second lui apprit à écrire pour la voix.

soises marchant contre la France. En 1796 et 1797, il mit en musique les poésies belliqueuses de Friedberg : un *Chant du Départ* et un chœur patriotique : *Nous sommes un grand peuple allemand* (*Ein grosses deutsches Volk sind wir*). Mais en vain il veut chanter les ennemis de la Révolution : la Révolution conquiert le monde, et Beethoven. Dès 1798, malgré la tension des rapports entre l'Autriche et la France, Beethoven entre en rapports intimes avec les Français, avec l'ambassade, avec le général Bernadotte qui venait d'arriver à Vienne. Dans ces entretiens commencent à se former en lui les sentiments républicains, dont on voit le puissant développement dans la suite de sa vie.

Un dessin que Stainhauser fit de lui à cette époque, donne assez bien l'image de ce qu'il était alors. C'est, aux portraits suivants de Beethoven, ce que le portrait de Buonaparte par Guérin, cette âpre figure rongée de fièvre ambitieuse, est aux autres effigies de Napoléon.

« Un petit homme, avec des cheveux qui se dressent en broussailles et non poudrés, ce qui produit un effet étrange ; un visage maltraité par la petite vérole, de petits yeux clignotants et un mouvement incessant de tous les membres. » (Mémoires de Carl Friedrich Kübeck, qui le vit en avril 1796, et fut tiré de la musique par la bonté de Beethoven. — Vo. 2 Revue française de musique, 15 nov. 1912 ; art. de A. Ehrhard.)

Beethoven semble plus jeune que son âge, maigre, droit, raidi dans sa haute cravate, le regard défiant et tendu. Il sait ce qu'il vaut ; il croit en sa force. En 1796, il note sur son carnet : « Courage ! Malgré toutes les défaillances du corps, mon génie triomphera.... Vingt-cinq ans ! les voici venus ! je les ai.... Il faut que cette année même, l'homme se révèle tout entier[1]. » Mme de Bernhard et Gelinck disent qu'il est très fier, de manières rudes et maussades, et qu'il parle avec un très fort accent provincial. Mais ses intimes, seuls, connaissent l'exquise bonté qu'il cache sous cette gaucherie orgueilleuse. Écrivant à Wegeler tous ses succès, la première pensée qui lui vient à l'esprit est celle-ci : « Par exemple, je vois un ami dans le besoin : si ma bourse ne me permet pas de lui venir aussitôt en aide, je n'ai qu'à me mettre à ma table de travail ; et, en peu de temps, je l'ai tiré d'affaire.... Tu vois comme c'est char-

---

1. Il débutait à peine. Son premier concert à Vienne comme pianiste, *avant eux* eut lieu le 30 mars 1795.

Cette même année 1796, il fit le seul voyage de virtuose de sa vie. Il alla à Prague, Dresde, Leipzig et Berlin. Il eut un très grand succès dans cette dernière ville, où son génie d'improvisateur soulava dans le public des transports inouïs. — (voir un récit de Czerny, cité par Thayer et par Kalischer).

mant[1]. » Et un peu plus loin, il dit : « Mon art doit se consacrer au bien des pauvres. » (*Dann soll meine Kunst sich nur zum Besten der Armen zeigen.*)

La douleur, déjà, avait frappé à sa porte ; elle s'était installée en lui, pour n'en plus sortir. Entre 1796 et 1800, la surdité commença ses ravages[2]. Les oreilles lui bruissaient nuit et jour ; il était miné par des douleurs d'entrailles. Son ouïe s'affaiblissait progressivement. Pendant plusieurs années, il ne l'avoua à personne, même à ses plus chers

---

1. A Wegeler, 29 juin 1801 (Nohl, XIV).

« Aucun de mes amis ne doit manquer de rien, tant que j'ai quelque chose », — écrit-il à Ries, vers 1801 (Nohl, XXIV).

2. Dans le *Testament* de 1802, Beethoven dit qu'il y a six ans que le mal a commencé, — soit, par conséquent, en 1796. — Remarquons en passant que, dans le catalogue de ses œuvres, l'op. 1 seul (trois trios) est antérieur à 1796. L'op. 2, les trois premières sonates pour piano, paraissent en mars 1796. On peut donc dire que l'œuvre entier de Beethoven est de Beethoven sourd.

Voir sur la surdité de Beethoven un article du Dr Klotz-Forest, dans la *Chronique médicale* du 15 mai 1905. — L'auteur de l'article croit que le mal eut sa source dans une affection générale héréditaire (peut-être dans la phtisie de la mère). Il diagnostique un catarrhe des trompes d'Eus-

amis; il évitait le monde, pour que son infirmité ne fût pas remarquée; il gardait pour lui
seul ce terrible secret. Mais, en 1801, il ne peut
plus le taire; il le confie avec désespoir à deux
de ses amis : le docteur Wegeler et le pasteur
Amenda :

« Mon cher, mon bon, mon affectueux
Amenda,... combien souvent je te souhaite
auprès de moi ! Ton Beethoven est profondément
malheureux. Sache que la plus noble partie de
moi-même, mon ouïe, a beaucoup baissé. Déjà,
à l'époque où nous étions ensemble, j'éprouvais

tache, en 1796, qui se transforma, vers 1799, en une otite
moyenne aiguë. Mal soignée, elle passa à l'état d'otite catar-
rhale chronique, avec toutes ses conséquences. La surdité
augmenta, sans jamais devenir complète. Beethoven perce-
vait les bruits profonds, mieux que les sons élevés. Dans
ses dernières années, il se servait, dit-on, d'une baguette
de bois, dont une extrémité était placée dans la boîte de son
piano, et l'autre entre ses dents. Il usait de ce moyen pour
entendre, quand il composait.

(Voir sur la même question : C. G. Kunn : *Wiener medizinische
Wochenschrift*, février-mars 1892; — Wilibald Nagel : *Die Musik*,
mars 1902.)

On a conservé au musée Beethoven de Bonn les instruments
acoustiques que fabriqua pour Beethoven, vers 1814, le
mécanicien Maelzel.

des symptômes du mal, et je le cachais; mais cela a toujours empiré depuis.... Guérirai-je? Je l'espère naturellement, mais bien peu; de telles maladies sont les plus incurables. Comme je dois vivre tristement, éviter tout ce que j'aime et tout ce qui m'est cher, et cela dans un monde si misérable, si égoïste!... Triste résignation où je dois me réfugier! Sans doute je me suis proposé de me mettre au-dessus de tous ces maux; mais comment cela me sera-t-il possible [1]?... »

Et à Wegeler : « ... Je mène une vie misérable. Depuis deux ans, j'évite toutes les sociétés, parce qu'il ne m'est pas possible de causer avec les gens : je suis sourd. Si j'avais quelque autre métier, cela serait encore possible; mais dans le mien, c'est une situation terrible Que diraient de cela mes ennemis, dont le nombre n'est pas petit!... Au théâtre, je dois me mettre tout près de l'orchestre, pour

1. Nohl, *Lettres de Beethoven*, XIII.

comprendre l'acteur. Je n'entends pas les sons élevés des instruments et des voix, si je me place un peu loin.... Quand on parle doucement, j'entends à peine,... et d'autre part, quand on crie, cela m'est intolérable.... Bien souvent, j'ai maudit mon existence.... Plutarque m'a conduit à la résignation. Je veux, si toutefois cela est possible, je veux braver mon destin ; mais il y a des moments de ma vie où je suis la plus misérable créature de Dieu.... Résignation ! quel triste refuge ! et pourtant c'est le seul qui me reste [1] ! »

Cette tristesse tragique s'exprime dans quelques œuvres de cette époque, dans la *Sonate pathétique*, op. 13 (1799), surtout dans le *largo* de la *troisième Sonate* pour piano, op. 10 (1798). Chose étrange qu'elle ne soit pas partout empreinte, que tant d'œuvres encore : le riant *Septuor* (1800), la limpide *Première Symphonie* (*en ut majeur*, 1800), reflètent une

1. Nohl, *Lettres de Beethoven*, XIV. (Voir les *textes*.)

2

insouciance juvénile. C'est sans doute qu'il faut du temps à l'âme pour s'accoutumer à la douleur. Elle a un tel besoin de la joie que, quand elle ne l'a pas, il faut qu'elle la crée. Quand le présent est trop cruel, elle vit sur le passé. Les jours heureux qui furent ne s'effacent pas d'un coup; leur rayonnement persiste longtemps encore après qu'ils ne sont plus. Seul et malheureux à Vienne, Beethoven se réfugiait dans ses souvenirs du pays natal; sa pensée d'alors en est tout imprégnée. Le thème de l'*andante* à variations du *Septuor* est un *Lied* rhénan. La *Symphonie en ut majeur* est aussi une œuvre du Rhin, un poème d'adolescent qui sourit à ses rêves. Elle est gaie, langoureuse; on y sent le désir et l'espérance de plaire. Mais dans certains passages, dans l'introduction, dans le clair-obscur de quelques sombres basses, dans le *scherzo* fantasque, on aperçoit, avec quelle émotion! dans cette jeune figure le regard du génie à venir. Ce sont les yeux du *Bambino* de Botticelli dans ses *Saintes familles*, ces yeux de petit enfant où l'on croit lire déjà la tragédie prochaine.

A ses souffrances physiques venaient se joindre des troubles d'un autre ordre. Wegeler dit qu'il ne connut jamais Beethoven sans une passion portée au paroxysme. Ces amours semblent avoir toujours été d'une grande pureté. Il n'y a aucun rapport entre la passion et le plaisir. La confusion qu'on établit de notre temps entre l'une et l'autre ne prouve que l'ignorance où la plupart des hommes sont de la passion, et son extrême rareté. Beethoven avait quelque chose de puritain dans l'âme ; les conversations et les pensées licencieuses lui faisaient horreur ; il avait sur la sainteté de l'amour des idées intransigeantes. On dit qu'il ne pardonnait pas à Mozart d'avoir profané son génie à écrire un *Don Juan*. Schindler, qui fut son ami intime, assure qu' « il traversa la vie avec une pudeur virginale, sans avoir jamais eu à se reprocher une faiblesse ». Un tel homme était fait pour être dupe et victime de l'amour. Il le fut. Sans cesse il s'éprenait furieusement, sans cesse il rêvait de bonheurs, aussitôt déçus, et suivis de souffrances amères. C'est dans ces alternatives d'amour et de révolte orgueilleuse, qu'il faut chercher la source la plus féconde des inspirations de Beethoven, jusqu'à l'âge où la fougue de sa nature s'apaise dans une résignation mélancolique.

En 1801, l'objet de sa passion était, à ce qu'il semble, Giulietta Guicciardi, qu'il immortalisa par la dédicace de sa fameuse *Sonate* dite du *Clair de Lune*, op. 27 (1802). « Je vis d'une façon plus douce, écrit-il à Wegeler, et je me mêle davantage avec les hommes.... Ce changement, le charme d'une chère fille l'a accompli ; elle m'aime, et je l'aime. Ce sont les premiers moments heureux que j'aie depuis deux ans[1]. » Il les paya durement. D'abord cet amour lui fit sentir davantage la misère de son infirmité, et les conditions précaires de sa vie, qui lui rendaient impossible d'épouser celle qu'il aimait.

1. A Wegeler, 16 novembre 1801 (Nohl, XVIII).

Puis Giulietta était coquette, enfantine, égoïste ; elle fit cruellement souffrir Beethoven, et en novembre 1803 elle épousa le comte Gallenberg[1]. — De telles passions dévastent l'âme ; quand l'âme est déjà affaiblie par la maladie, comme l'était celle de Beethoven, elles risquent de la ruiner. Ce fut le seul moment de la vie de Beethoven, où il semble avoir été sur le point de succomber. Il traversa une crise désespérée, qu'une lettre nous fait connaître : *le Testament d'Heiligenstadt*, à ses frères, Carl et Johann, avec cette indication : « *Pour lire et exécuter après ma mort*[2]. » C'est un cri de révolte et de douleur déchirante. On ne peut l'entendre sans être pénétré de pitié. Il fut tout près alors de mettre fin à sa vie. Seul son in-

---

1. Elle ne craignit pas, dans la suite, d'exploiter l'ancien amour de Beethoven, en faveur de son mari. Beethoven secourut Gallenberg. « Il était mon ennemi : c'était justement la raison pour que je lui fisse tout le bien possible », dit-il à Schindler, dans un de ses cahiers de conversation de 1821. Mais il l'en méprisa davantage. « Arrivée à Vienne, écrit-il en français, elle cherchait moi, pleurant, mais je la méprisais. »

2. 6 octobre 1802 (Nohl, XXVI). Voir aux *textes*.

flexible sentiment moral l'arrêta [1]. Ses dernières espérances de guérison disparurent. « Même le haut courage qui me soutenait s'est évanoui. O Providence, fais-moi apparaître une fois un jour, un seul jour de vraie joie ! Il y a si longtemps que le son profond de la vraie joie m'est étranger. Quand, oh ! quand, mon Dieu, pourrai-je la rencontrer encore ?... Jamais ? — Non, ce serait trop cruel ! »

Cela semble une plainte d'agonie; et pourtant, Beethoven vivra vingt-cinq ans encore. Sa puissante nature ne pouvait se résigner à succomber sous l'épreuve. « Ma force physique croît plus que jamais avec ma force intellectuelle.... Ma jeunesse, oui, je le sens, ne fait que commencer. Chaque jour me rapproche du

---

1. « Recommandez à vos enfants la vertu ; elle seule peut rendre heureux, non l'argent. Je parle par expérience. C'est elle qui m'a soutenu dans ma misère; c'est à elle que je dois, ainsi qu'à mon art, de n'avoir pas terminé ma vie par le suicide. » Et dans une autre lettre, du 2 mai 1810, à Wegeler : « Si je n'avais pas lu quelque part que l'homme ne doit pas se séparer volontairement de la vie, aussi longtemps qu'il peut encore accomplir une bonne action, depuis longtemps je ne serais plus — et sans doute par mon propre fait. »

but que j'entrevois sans pouvoir le définir....
Oh! si j'étais délivré de ce mal, j'embrasserais
le monde!... Point de repos! Je n'en connais
pas d'autre que le sommeil; et je suis assez
malheureux de devoir lui accorder plus de
temps qu'autrefois. Que je sois seulement
délivré à moitié de mon mal : et alors.... Non,
je ne le supporterai pas. Je veux saisir le destin
à la gueule. Il ne réussira pas à me courber
tout à fait. — Oh! cela est si beau, de vivre la
vie mille fois [1]! »

Cet amour, cette souffrance, cette volonté,
ces alternatives d'accablement et d'orgueil, ces
tragédies intérieures se retrouvent dans les
grandes œuvres écrites en 1802 : la *Sonate
avec marche funèbre*, op. 26, la *Sonate quasi
una fantasia*, et la *Sonate* dite *du Clair de lune*,
op. 27, la *Deuxième Sonate*, op. 31, avec ses
récitatifs dramatiques, qui semblent un mono-
logue grandiose et désolé; la *Sonate en ut
mineur* pour violon, op. 30, dédiée à l'empe-

1. A Wegeler (Nohl, XVIII).

reur Alexandre; la *Sonate à Kreutzer*, op. 47; les six héroïques et poignantes mélodies religieuses sur des paroles de Gellert, op. 48. La *Seconde Symphonie*, qui est de 1803, reflète davantage son juvénile amour; et l'on sent que sa volonté prend décidément le dessus. Une force irrésistible balaye les tristes pensées. Un bouillonnement de vie soulève le *finale*. Beethoven veut être heureux; il ne veut pas consentir à croire son infortune irrémédiable : il veut la guérison, il veut l'amour; il déborde d'espoir [1].

*
* *

Dans plusieurs de ces œuvres, on est frappé par l'énergie et l'insistance des rythmes de marche et de combat. Cela est surtout sensible dans l'*allegro* et le *finale* de la *Seconde Symphonie*, et plus encore dans le premier morceau,

1. La miniature de Hornemann, qui est de 1802, montre Beethoven mis à la mode de l'époque, avec des favoris, les cheveux à la Titus, l'air fatal d'un héros byronien, mais cette tension de volonté napoléonienne, qui ne désarme jamais.

superbement héroïque, de la *Sonate à l'empereur Alexandre*. Un caractère guerrier, spécial à cette musique, rappelle l'époque d'où elle est sortie. La Révolution arrivait à Vienne. Beethoven était emporté par elle. « Il se prononçait volontiers, dans l'intimité, dit le chevalier de Seyfried, sur les événements politiques, qu'il jugeait avec une rare intelligence, d'un coup d'œil clair et net. » Toutes ses sympathies l'entraînaient vers les idées révolutionnaires. « Il aimait les principes républicains », dit Schindler, l'ami qui le connut le mieux dans la dernière période de sa vie. « Il était partisan de la liberté illimitée et de l'indépendance nationale.... Il voulait que tous concourussent au gouvernement de l'État.... Il voulait pour la France le suffrage universel, et il espérait que Bonaparte l'établirait, et jetterait ainsi les bases du bonheur du genre humain. » Romain révolutionnaire, nourri de Plutarque, il rêvait d'une République héroïque, fondée par le dieu de la Victoire : le premier Consul ; et, coup sur coup, il forge la

Symphonie héroïque : *Bonaparte* (1804) [1], l'Iliade de l'Empire, et le finale de la *Symphonie en ut mineur* (1805-1808), l'épopée de la Gloire. Première musique vraiment révolutionnaire : l'âme du temps y revit avec l'intensité et la pureté qu'ont les grands événements dans les grandes âmes solitaires, dont les impressions ne sont pas amoindries par le contact de la réalité. La

---

1. On sait que la *Symphonie héroïque* fut écrite pour et sur Bonaparte, et que le premier manuscrit porte encore le titre : *Buonaparte.* Sur ces entrefaites, Beethoven apprit le couronnement de Napoléon. Il entra en fureur : « Ce n'est donc qu'un homme ordinaire! » cria-t-il; et dans son indignation, il déchira la dédicace, et écrivit ce titre vengeur et touchant à la fois : « *Symphonie héroïque... pour célébrer le souvenir d'un grand Homme.* » (*Sinfonia eroica... composta per festeggiare il sovvenire di un grand Uomo.*) Schindler raconte que dans la suite, il se départit un peu de son mépris pour Napoléon; il ne vit plus en lui qu'un malheureux digne de compassion, un Icare précipité du ciel. Quand il apprit la catastrophe de Sainte-Hélène, en 1821, il dit : « Il y a dix-sept ans que j'ai écrit la musique qui convient à ce triste événement. » Il se plaisait à reconnaître dans la *Marche funèbre* de sa symphonie un pressentiment de la fin tragique du conquérant. — Il est donc bien probable que la *Symphonie héroïque*, et surtout son premier morceau, était, dans la pensée de Beethoven, une sorte de portrait de Bonaparte, très différent du modèle, sans doute, mais tel qu'il l'imaginait, et tel qu'il l'eût voulu : le génie de la Révolution. Beethoven reprend d'ailleurs dans le finale de l'*Héroïque* une des phrases principales de la partition qu'il avait déjà écrite pour le héros révolutionnaire par excellence, le dieu de la Liberté : *Prométhée* (1801).

figure de Beethoven s'y montre colorée des reflets de ces guerres épiques. Partout elles s'expriment, peut-être à son insu, dans les œuvres de cette période : dans l'*Ouverture de Coriolan* (1807), où soufflent des tempêtes, dans le *Quatrième quatuor*, op. 18, dont le premier morceau a tant de parenté avec cette ouverture ; dans la *Sonate Appassionata*, op. 57 (1804), dont Bismarck disait : « Si je l'entendais souvent, je serais toujours très vaillant[1] » : dans la partition d'*Egmont* ; et jusque dans ses concertos pour piano, dans ce *concerto en mi bémol*, op. 73 (1809), où la virtuosité même se fait héroïque, où passent des armées. — Comment s'en étonner? Si Beethoven ignorait, en écrivant la *Marche funèbre sur la mort d'un héros*

---

1. Robert de Keudell, ancien ambassadeur d'Allemagne à Rome : *Bismarck et sa famille,* 1901, traduction française de E.-B. Lang.

Robert de Keudell joua cette sonate à Bismarck, sur un mauvais piano, le 30 octobre 1870, à Versailles. Bismarck disait de la dernière phrase de l'œuvre : « Ce sont les luttes et les sanglots de toute une vie. » Il préférait Beethoven à tout autre musicien, et, plus d'une fois, affirma : « Beethoven convient le mieux à mes nerfs. »

(de la sonate op. 26), que le héros le plus digne de ses chants, celui qui plus que Bonaparte s'approcha du modèle de la *Symphonie héroïque*, Hoche, venait de mourir près du Rhin, que domine encore son monument funèbre, du haut d'une petite colline entre Coblentz et Bonn, — à Vienne même, il avait vu deux fois la Révolution victorieuse. Ce sont les officiers français qui assistent en novembre 1805, à la première de *Fidelio*. C'est le général Hulin, le vainqueur de la Bastille, qui s'installe chez Lobkowitz, l'ami et le protecteur de Beethoven, celui à qui sont dédiés l'*Héroïque* et l'*Ut mineur*. Et le 10 mai 1809, Napoléon couche à Schoenbrunn [1].

---

1. La maison de Beethoven était sise près des fortifications de Vienne, que Napoléon fît sauter après la prise de la ville. « Quelle vie sauvage, que de ruines autour de moi! — écrit Beethoven aux éditeurs Breitkopf et Haertel, le 26 juin 1809 ; — rien que tambours, trompettes, misères de toute sorte! »
Un portrait de Beethoven, à cette époque, nous a été laissé par un Français qui le vit à Vienne, en 1809 : le baron de Trémont, auditeur au Conseil d'État. Il fait une description pittoresque du désordre qui régnait dans l'appartement de Beethoven. Ils causèrent ensemble de philosophie, de religion, de politique, « et surtout de Shakespeare, son idole ». Beethoven était assez disposé à suivre Trémont à Paris, où

Bientôt Beethoven haïra les conquérants français. Mais il n'en a pas moins senti la fièvre de
leur épopée; et qui ne la sent pas comme lui,
ne comprendra qu'à demi cette musique d'actions et de triomphes impériaux.

*
* *

.Beethoven interrompit brusquement la *Symphonie en ut mineur*, pour écrire d'un jet, sans ses
esquisses habituelles, la *Quatrième Symphonie*.
Le bonheur lui était apparu. En mai 1806, il
se fiançait avec Thérèse de Brunswick[1]. Elle

il savait que le Conservatoire exécutait déjà ses symphonies,
et où il avait des admirateurs enthousiastes. — (Voir, dans
le *Mercure musical* du 1ᵉʳ mai 1906, *Une visite à Beethoven*,
par le baron de Trémont; publié par J. Chantavoine.)

1. Ou plus exactement, Thérèse Brunsvik. Beethoven avait
fait la connaissance des Brunsvik à Vienne, entre 1796 et
1799. Giulietta Guicciardi était la cousine de Thérèse. Beethoven semble s'être épris aussi, pendant un temps, d'une
sœur de Thérèse, Joséphine, qui épousa le comte Deym,
puis en secondes noces le baron Stackelberg. — On trouvera les détails les plus vivants sur la famille Brunsvik
dans un article de M. André de Hevesy : *Beethoven et
l'Immortelle Bien-aimée* (*Revue de Paris*, 1ᵉʳ et 15 mars 1910).
M. de Hevesy a utilisé, pour cette étude, les Mémoires
manuscrits et les papiers de Thérèse, conservés à Márton-

l'aimait depuis longtemps, — depuis que, petite fille, elle prenait avec lui des leçons de piano, dans les premiers temps de son séjour à Vienne. Beethoven était ami de son frère, le comte François. En 1806, il fut leur hôte à Mártonvásár en Hongrie, et c'est là qu'ils s'aimèrent. Le souvenir de ces jours heureux s'est conservé dans quelques récits de Thérèse de Brunswick[1]. « Un soir de dimanche, dit-elle, après dîner, au clair de lune, Beethoven s'assit au piano. D'abord il promena sa main à plat sur le clavier. François et moi nous connaissions cela. C'était ainsi qu'il préludait toujours. Puis il frappa quelques accords sur les notes basses; et, lentement, avec une solennité mystérieuse, il joua un chant de Sébastien Bach[2] :

vásár, en Hongrie. Tout en montrant l'intimité affectueuse de Beethoven avec les Brunsvik, il remet en question son amour pour Thérèse. Mais ses arguments ne semblent pas convaincants; et je me réserve de les discuter, quelque jour.

1. Mariam Tenger : *Beethoven's unsterbliche Geliebte*, Bonn, 1890.

2. C'est l'air admirable qui figure dans l'Album de la femme de J.-S. Bach, Anna Magdalena (1725), sous le titre : *Aria di Giovannini*. On a discuté son attribution à J.-S. Bach.

« *Si tu veux me donner ton cœur, que ce soit d'abord en secret ; et notre pensée commune, que nul ne la puisse deviner.* » Ma mère et le curé s'étaient endormis ; mon frère regardait devant lui, gravement ; et moi, que son chant et son regard pénétraient, je sentis la vie en sa plénitude. — Le lendemain matin, nous nous rencontrâmes dans le parc. Il me dit : « J'écris à présent un opéra. La principale figure est en moi, devant moi, partout où je vais, partout où je reste. Jamais je n'ai été à une telle hauteur. Tout est lumière, pureté, clarté. Jusqu'à présent, je ressemblais à cet enfant des contes de fée qui ramasse les cailloux, et ne voit pas la fleur splendide, fleurie sur son chemin.... » C'est au mois de mai 1806, que je devins sa fiancée, avec le seul consentement de mon bien-aimé frère François. »

La *Quatrième Symphonie*, écrite cette année, est une pure fleur, qui garde le parfum de ces jours les plus calmes de sa vie. On y a justement remarqué « la préoccupation de Beethoven, alors, de concilier autant que possible son génie avec ce qui était généralement connu et aimé dans les formes transmises par ses prédécesseurs[1] ». Le même esprit conciliant, issu de l'amour, agissait sur ses manières et sur sa façon de vivre. Ignaz von Seyfried et Grillparzer disent qu'il est plein d'entrain, vif, joyeux, spirituel, courtois dans le monde, patient avec les importuns, vêtu de façon recherchée; et il leur fait illusion, au point qu'ils ne s'aperçoivent pas de sa surdité, et disent qu'il est bien portant, sauf sa vue qui est faible[2]. C'est aussi l'idée que donne de lui un portrait d'une élégance romantique et un peu apprêtée, que peignit alors Maehler. Beethoven veut plaire, et il sait qu'il plaît. Le

1. Nohl, *Vie de Beethoven.*
2. Beethoven était myope, en effet. Ignaz von Seyfried dit que sa faiblesse de vue avait été causée par la petite vérole, et qu'elle l'obligeait, tout jeune, à porter des lunettes. La myopie devait contribuer au caractère égaré de ses yeux. Ses lettres de 1823-1824 contiennent des plaintes fréquentes au sujet de ses yeux, qui le font souffrir. — Voir les articles de Christian Kalischer : *Beethovens Augens und Augenleiden* (*Die Musik*, 15 mars-1er avril 1902).

lion est amoureux : il rentre ses griffes. Mais on sent sous ses jeux, sous les fantaisies et la tendresse même de la *Symphonie en si bémol*, la redoutable force, l'humeur capricieuse, les boutades colériques.

Cette paix profonde ne devait pas durer; mais l'influence bienfaisante de l'amour se prolongea jusqu'en 1810. Beethoven lui dut sans doute la maîtrise de soi, qui fit alors produire à son génie ses fruits les plus parfaits : cette tragédie classique, la *Symphonie en ut mineur*, — et ce divin rêve d'un jour d'été : la *Symphonie pastorale* (1808) [1]. — *L'Appassionata*, inspirée de la *Tempête* de Shakespeare [2], et qu'il regardait comme la plus puissante de ses sonates, paraît en 1807, et est dédiée au frère de Thérèse. A Thérèse elle-même il dédie la rêveuse et fantasque sonate, op. 78 (1809). Une lettre, sans date [3], et adressée *A l'immortelle Aimée* exprime,

1. La musique de scène pour l'*Egmont* de Gœthe fut commencée en 1809. — Beethoven eût voulu écrire aussi la musique de *Guillaume Tell*; mais on lui préféra Gyrowetz.
2. Conversation avec Schindler.
3. Mais écrite, à ce qu'il semble, à Korompa, chez les Brunsvik.

non moins que *l'Appassionata*, l'intensité de son amour :

« Mon ange, mon tout, mon moi.... j'ai le cœur gonflé du trop que j'ai à te dire.... Ah! où je suis, tu es aussi avec moi.... Je pleure, quand je pense que tu ne recevras probablement pas avant dimanche les premières nouvelles de moi. — Je t'aime, comme tu m'aimes, mais bien plus fort.... Ah! Dieu! — Quelle vie ainsi! Sans toi! — Si près, si loin. — ... Mes idées se pressent vers toi, mon immortelle aimée (*meine unsterbliche Geliebte*), parfois joyeuses, puis après tristes, interrogeant le destin, lui demandant s'il nous exaucera. — Je ne puis vivre qu'avec toi, ou je ne vis pas.... Jamais une autre n'aura mon cœur. Jamais! — Jamais! — O Dieu! pourquoi faut-il s'éloigner quand on s'aime? Et pourtant ma vie, comme elle est à présent, est une vie de chagrins. Ton amour m'a fait à la fois le plus heureux et le plus malheureux des hommes. — ... Sois paisible..., sois paisible — aime-moi!

— Aujourd'hui, — hier, — quelle ardente aspiration, que de larmes vers toi! — toi — toi — ma vie — mon tout! — Adieu! — oh! continue de m'aimer, — ne méconnais jamais le cœur de ton aimé **L.** — Éternellement à toi — éternellement à moi — éternellement à nous [1]. »

Quelle raison mystérieuse empêcha le bonheur de ces deux êtres qui s'aimaient? — Peut-être le manque de fortune, la différence de conditions. Peut-être Beethoven se révolta-t-il contre la longue attente qu'on lui imposait, et contre l'humiliation de tenir son amour indéfiniment secret.

Peut-être, violent, malade et misanthrope, comme il était, fit-il souffrir sans le vouloir celle qu'il aimait, et s'en désespérait-il. — L'union fut rompue; et pourtant ni l'un ni l'autre ne semble avoir jamais oublié son amour. Jusqu'à son dernier jour (elle ne mourut qu'en

1. Nohl, *Lettres de Beethoven*, XV.

1861), Thérèse de Brunswick aima Beethoven.

Et Beethoven disait, en 1816 : « En pensant à elle, mon cœur bat aussi fort que le jour où je la vis pour la première fois. » De cette même année sont les six mélodies *à la bien-aimée lointaine* (*an die ferne Geliebte*), op. 98, d'un caractère si touchant et si profond. Il écrit dans ses notes : « Mon cœur déborde à l'aspect de cette admirable nature, et pourtant Elle n'est pas là, près de moi! » — Thérèse avait donné son portrait à Beethoven, avec la dédicace : « Au rare génie, au grand artiste, à l'homme bon. T. B.[1] ». Dans la dernière année de sa vie, un ami surprit Beethoven, seul, embrassant ce portrait en pleurant, et parlant tout haut suivant son habitude : « Tu étais si belle, si grande, pareille aux anges! » L'ami se retira, revint un peu plus tard, le trouva au piano, et lui dit : « Aujourd'hui, mon

[1]. Ce portrait se trouve encore aujourd'hui dans la maison de Beethoven, à Bonn. Il est reproduit dans la *Vie de Beethoven* par Frimmel, p. 29, et dans le *Musical Times* du 15 décembre 1892

vieil ami, il n'y a rien de diabolique sur votre visage. » Beethoven répondit : « C'est que mon bon ange m'a visité. » — La blessure fut profonde. « Pauvre Beethoven, dit-il lui-même, il n'est point de bonheur pour toi dans ce monde. Dans les régions de l'idéal seulement, tu trouveras des amis[1]. »

Il écrit dans ses notes : « Soumission, soumission profonde à ton destin : tu ne peux plus exister pour toi, mais seulement pour les autres; pour toi, il n'y a plus de bonheur qu'en ton art. O Dieu, donne-moi la force de me vaincre ! »

*
* *

Il est donc abandonné par l'amour. En 1810, il se retrouve seul; mais la gloire est venue, et le sentiment de sa puissance. Il est dans la force de l'âge. Il se livre à son humeur violente et sauvage, sans plus se soucier de

1. A Gleichenstein (Nohl, *Neue Briefe Beethovens*, XXXI).

rien, sans égards au monde, aux conventions, aux jugements des autres. Qu'a-t-il à craindre ou à ménager? Plus d'amour et plus d'ambition. Sa force, voilà ce qui lui reste, la joie de sa force, et le besoin d'en user, presque d'en abuser. « La force, voilà la morale des hommes qui se distinguent du commun des hommes. » Il est retombé dans la négligence de sa mise; et sa liberté de manières est devenue bien plus hardie qu'autrefois. Il sait qu'il a le droit de tout dire, même aux plus grands. « Je ne reconnais pas d'autres signes de supériorité que la bonté », écrit-il le 17 juillet 1812[1]. Bettina Brentano, qui le vit alors, dit qu' « aucun empereur, aucun roi n'avait une telle conscience de sa force ». Elle fut fascinée par sa puissance : « Lorsque je le vis pour la première fois, écrit-elle à Gœthe, l'univers tout entier disparut pour moi. Beethoven me fit oublier le monde, et toi-

1. « Le cœur est le levier de tout ce qu'il y a de grand. » (A Giannatasio del Rio. — Nohl, CLXXX.)

même, ô Gœthe…. Je ne crois pas me tromper, en assurant que cet homme est de bien loin en avance sur la civilisation moderne. » Gœthe chercha à connaître Beethoven. Ils se rencontrèrent aux bains de Bohême, à Tœplitz, en 1812, et s'entendirent assez mal. Beethoven admirait passionnément le génie de Gœthe[1]; mais son caractère était trop libre et trop violent pour s'accommoder de celui de Gœthe, et pour ne pas

1. « Les poésies de Gœthe me rendent heureux », écrit-il à Bettina Brentano, le 19 février 1811.

Et ailleurs :

« Gœthe et Schiller sont mes poètes préférés, avec Ossian et Homère, que je ne puis malheureusement lire que dans des traductions. » (A Breitkopf et Haertel, 8 août 1809. — Nohl, *Neue Briefe*, LIII.)

Il est à remarquer combien, malgré son éducation négligée, le goût littéraire de Beethoven était sûr. En dehors de Gœthe, dont il a dit qu'il lui semblait « grand, majestueux, toujours en *ré majeur* », et au-dessus de Gœthe, il aimait trois hommes : Homère, Plutarque et Shakespeare. D'Homère, il préférait l'*Odyssée*. Il lisait continuellement Shakespeare dans la traduction allemande, et l'on sait avec quelle grandeur tragique il a traduit en musique *Coriolan* et *la Tempête*. Quant à Plutarque, il s'en nourrissait, comme les hommes de la Révolution. Brutus était son héros, ainsi qu'il fut celui de Michel Ange ; il avait sa statuette dans sa chambre. Il aimait Platon, et rêvait d'établir sa République dans le monde entier. « Socrate et Jésus ont été mes modèles », a-t-il dit quelque part. (Conversations de 1819-20.)

le blesser. Il a raconté lui-même une promenade qu'ils firent ensemble, où l'orgueilleux républicain qu'il était donna une leçon de dignité au conseiller aulique du grand-duc de Weimar, qui ne le lui pardonna point.

« Les rois et les princes peuvent bien faire des professeurs et des conseillers secrets ; ils peuvent les combler de titres et de décorations ; mais ils ne peuvent pas faire des grands hommes, des esprits qui s'élèvent au-dessus de la fiente du monde ; ... et quand deux hommes sont ensemble, tels que moi et Gœthe, ces messieurs doivent sentir notre grandeur. — Hier, nous avons rencontré, sur le chemin, en rentrant, toute la famille impériale. Nous la vîmes de loin. Gœthe se détacha de mon bras, pour se ranger sur le côté de la route. J'eus beau lui dire tout ce que je voulus, je ne pus lui faire faire un pas de plus. J'enfonçai alors mon chapeau sur ma tête, je boutonnai ma redingote, et je fonçai, les bras derrière le dos, au milieu des groupes les plus épais. — Princes

Une longue lettre de Bettina au prince de Pückler-Muskau, publiée dans les Briefwechsel und Tagebücher des Fürsten Hermann von P. M. *(Hambourg, 1873), raconte la même scène, presque dans les mêmes termes, comme si Beethoven était venu* aussitôt après *en courant faire le récit de son équipée.*

et courtisans ont fait la haie ; le duc Rodolphe m'a ôté son chapeau ; madame l'impératrice m'a salué la première. — Les grands me connaissent. — Pour mon divertissement, je vis la procession défiler devant Gœthe. Il se tenait sur le bord de la route, profondément courbé, son chapeau à la main. Je lui ai lavé la tête après, je ne lui ai fait grâce de rien[1].... » Gœthe n'oublia pas non plus[2].

L'authenticité des lettres de Beethoven à Bettina a été mise en doute par Schindler, Marx et Deiters. Au contraire, Moritz Carrière, Nohl et Kalischer croient. Il est probable que Bettina y a glissé quelques passages de son invention, mais l'ensemble paraît exact.

1. A Bettina von Arnim (Nohl, XCI).

2. « Beethoven, disait Gœthe à Zelter, est malheureusement une personnalité tout à fait indomptée ; il n'a sans doute pas tort de trouver le monde détestable ; mais ce n'est pas le moyen de le rendre agréable pour lui et pour les autres. Il faut l'excuser et le plaindre, car il est sourd. » — Il ne fit rien dans la suite contre Beethoven, mais il ne fit rien pour lui : silence complet sur son œuvre, et jusque sur son nom. Au fond, il admirait, mais redoutait sa musique : elle le troublait ; il craignait qu'elle ne lui fît perdre le calme de l'âme, qu'il avait conquis au prix de tant de peines, et qui, contre l'opinion courante, ne lui était rien moins que naturel. Il ne l'avouait pas aux autres, ni peut-être à soi-même. — Une lettre du jeune Félix Mendelssohn, qui passa par Weimar en 1830, fait pénétrer innocemment dans les profondeurs de cette âme trouble et passionnée (*leidenschaftlicher Sturm una Verworrenheit,* comme Gœthe disait lui-même), qu'une intelligence puissante maîtrisait.

« ... D'abord, écrit Mendelssohn, il ne voulait pas entendre parler de Beethoven ; mais il lui fallut en passer par là, et écouter le premier morceau de la *Symphonie en ut mineur,* qui

+ Lorsque Beethoven, en 1823, écrivit à "Son Excellence de Goethe", pour le prier de recommander sa Missa Solemnis *à la cour de Weimar, Goethe ne dit rien et ne répondit même pas. — Bien plus, il semble que le mot d'ordre ait été tacitement donné dans le cercle intime de Goethe. Les Varnhagen, Rahel, qui en 1811-12 parlaient avec enthousiasme de Beethoven, dont ils avaient fait la connaissance*

à Teplitz, font entovre le silence absolu sur lui, affectant
de ne plus savoir qu'il existe, — dans leur culte idolâtrique
pour Goethe, sur la conduite duquel leur conduite se calque.
(voir Kalischer : Beethoven und Berlin)

De cette date sont les *Septième* et *Huitième
Symphonies*, écrites en quelques mois, à Tœplitz,
en 1812 : l'Orgie du Rythme, et la Symphonie
humoristique, les œuvres où il s'est montré
peut-être le plus au naturèl, et, comme il
disait, le plus « déboutonné » (*aufgeknoepft*),
avec ces transports de gaieté et de fureur, ces
contrastes imprévus, ces saillies déconcertantes
et grandioses, ces explosions titaniques qui
plongeaient Gœthe et Zelter dans l'effroi [1], et
faisaient dire de la *Symphonie en la*, dans
l'Allemagne du Nord, que c'était l'œuvre d'un
ivrogne. — D'un homme ivre, en effet, mais

le remua étrangement. Il n'en voulut rien laisser paraître,
et se contenta de me dire : « Cela ne touche point, cela ne
fait qu'étonner ». Au bout d'un certain temps, il reprit :
« C'est grandiose, insensé; on dirait que la maison va
s'écrouler ». Survint le dîner, pendant lequel il demeura
tout pensif, jusqu'au moment où, retombant de nouveau sur
Beethoven, il se mit à m'interroger, à m'examiner. Je vis
bien que l'effet était produit.... »

(Sur les rapports de Gœthe et de Beethoven, voir divers
articles de Frimmel.)

1. Lettre de Gœthe à Zelter, 2 septembre 1812. — Zelter à
Gœthe, 14 septembre 1812 : « *Auch ich bewundere ihn mit
Schrecken.* » « Moi aussi, je l'admire avec effroi ». — Zelter
écrit en 1819 à Gœthe : « On dit qu'il est fou ».

de force et de génie. « Je suis, a-t-il dit lui-même, je suis le Bacchus qui broie le délicieux nectar pour l'humanité. C'est moi qui donne aux hommes la divine frénésie de l'esprit. » Je ne sais si, comme l'a écrit Wagner, il a voulu peindre dans le finale de sa Symphonie une fête dionysiaque. Je reconnais surtout dans cette fougueuse kermesse la marque de son hérédité flamande, de même que je retrouve son origine dans son audacieuse liberté de langage et de manières, qui détonne superbement dans le pays de la discipline et de l'obéissance. Nulle part plus de franchise et de libre puissance que dans la *Symphonie en la*. C'est une dépense folle d'énergies surhumaines, sans but, pour le plaisir, un plaisir de fleuve qui déborde et submerge. Dans la *Huitième Symphonie*, la force est moins grandiose, mais plus étrange encore, et plus caractéristique de

----

. C'est, en tout cas, un sujet auquel Beethoven a pensé : car nous le trouvons dans ses notes, et, particulièrement, dans ses projets d'une *Dixième Symphonie*.

1. *Goethes Briefwechsel mit einem Kinde*. t. II. (Lettre de Bettina Brentano à Goethe, 28 mai 1810).

l'homme, mêlant la tragédie à la farce, et une vigueur herculéenne à des jeux et des caprices d'enfant[1].

1814 marque l'apogée de la fortune de Beethoven. Au Congrès de Vienne, il fut traité comme une gloire européenne. Il prit une part active aux fêtes. Les princes lui rendaient hommage; et il se laissait fièrement faire la cour par eux, comme il s'en vantait à Schindler.

Il s'était enflammé pour la guerre d'indépendance[2]. En 1813, il écrivit une symphonie de *la Victoire de Wellington*, et, au commencement de 1814, un chœur guerrier : *Renaissance de l'Allemagne (Germanias Wiedergeburt)*. Le 29 novembre 1814, il dirigea, devant un public de rois, une cantate patriotique : *le Glorieux moment (Der glorreiche Augenblick)*, et il

---

1. Contemporaine, et peut-être inspiratrice, parfois, de ces œuvres est son intimité très tendre avec la jeune cantatrice berlinoise Amalie Sebald [*qu'il connut à Teplitz, en 1811 et — 1812.*]

2. Bien différent de lui en ceci, Schubert avait écrit en 1807 une œuvre de circonstance, « en l'honneur de Napoléon le Grand », et en dirigea lui-même l'exécution devant l'Empereur.

[*Varnhagen, qui causa souvent avec Beethoven en 1811, dit qu'il était "ein heftiger Franzosenhasser" ("il haïssait violemment les Français ")*]

composa pour la prise de Paris, en 1815, un
chœur : *Tout est consommé! (Es ist vollbracht!)*
Ces œuvres de circonstance firent plus pour sa
réputation que tout le reste de sa musique. La
gravure de Blasius Hœfel, d'après un dessin
du Français Letronne, et le masque farouche,
moulé sur son visage par Franz Klein en 1812,
donnent l'image vivante de Beethoven au temps
du Congrès de Vienne. Le trait dominant de
cette face de lion, aux mâchoires serrées, aux
plis colères et douloureux, est la volonté, —
une volonté napoléonienne. On reconnaît
l'homme, qui disait de Napoléon, après Iéna :
« Quel malheur que je ne me connaisse pas à
la guerre comme à la musique! Je le battrais! »
— Mais son royaume n'était pas de ce monde.
« Mon empire est dans l'air », comme il l'écrit
à François de Brunswick. (*Mein Reich ist in
der Luft*[1].)

1. « Je ne vous dis rien de nos monarques et de leurs
onarchies », écrit-il à Kauka pendant le Congrès de Vienne.

*
* *

A cette heure de gloire succède la période la plus triste et la plus misérable.

Vienne n'avait jamais été sympathique à Beethoven. Un génie fier et libre, comme le sien, ne pouvait se plaire dans cette ville factice, d'esprit mondain et médiocre, que Wagner a si durement marquée de son mépris [1].

« Pour moi, l'empire de l'esprit est le plus cher de tous : c'est le premier de tous les royaumes temporels et spirituels. » (*Mir ist das geistige Reich das Liebste, und der Oberste aller geistlichen und weltlichen Monarchien.*)

1. « Vienne, n'est-ce point tout dire ? — Toute trace du protestantisme allemand effacée ; même l'accent national, perdu, italianisé. L'esprit allemand, les manières et les mœurs allemandes, expliquées par des manuels de provenance italienne et espagnole.... Le pays d'une histoire falsifiée, d'une science falsifiée, d'une religion falsifiée.... Un scepticisme frivole, qui devait ruiner et ensevelir l'amour de la vérité, et de l'honneur, et de l'indépendance!... » (Wagner, *Beethoven*, 1870.)

Grillparzer a écrit que c'était un malheur d'être né Autrichien. Les grands compositeurs allemands de la fin du xixe siècle, qui ont vécu à Vienne, ont cruellement souffert de l'esprit de cette ville livrée au culte pharisien de Brahms. La vie de Bruckner y fut un long martyre. Hugo Wolf, qui se débattit furieusement, avant de succomber, a exprimé sur Vienne des jugements implacables.

Il ne perdait aucune occasion de s'en éloigner;
et vers 1808, il avait songé sérieusement à
quitter l'Autriche, pour venir à la cour de
Jérôme Bonaparte, roi de Westphalie [1]. Mais
Vienne était abondante en ressources musicales; et il faut lui rendre cette justice, qu'il
s'y trouva toujours de nobles dilettantes pour
sentir la grandeur de Beethoven et pour
épargner à leur patrie la honte de le perdre.
En 1809, trois des plus riches seigneurs de
Vienne : l'archiduc Rodolphe, élève de Beethoven, le prince Lobkowitz, et le prince
Kinsky, s'étaient engagés à lui servir annuelle-
ment une pension de 4 000 florins, sous la
seule condition qu'il resterait en Autriche :
« Comme il est démontré, disaient-ils, que
l'homme ne peut entièrement se vouer à son

____

1. Le roi Jérôme avait offert à Beethoven un traitement de
six cents ducats d'or, sa vie durant, et une indemnité de
voyage de cent cinquante ducats d'argent, contre l'unique
engagement de jouer quelquefois devant lui, et de diriger
ses concerts de musique de chambre, qui ne devaient être
ni longs, ni fréquents. (Nohl, XLIX.) Beethoven fut tout près
de partir.

art qu'à la condition d'être libre de tout souci matériel, et que ce n'est qu'alors qu'il peut produire ces œuvres sublimes qui sont la gloire de l'art, les soussignés ont formé la résolution de mettre Ludwig van Beethoven à l'abri du besoin, et d'écarter ainsi les obstacles misérables qui pourraient s'opposer à l'essor de son génie. »

Malheureusement l'effet ne répondit pas aux promesses. Cette pension fut toujours fort inexactement payée; bientôt elle cessa tout à fait de l'être. Vienne avait d'ailleurs changé de caractère après le Congrès de 1814. La société était distraite de l'art par la politique, le goût musical gâté par l'italianisme, et la mode, tout à Rossini, traitait Beethoven de pédant[1].

---

1. Le *Tancrède* de Rossini suffit à ébranler tout l'édifice de la musique allemande. Bauernfeld, cité par Ehrhard, note dans son *Journal* ce jugement qui circulait dans les salons de Vienne, en 1816 : « Mozart et Beethoven sont de vieux pédants; la bêtise de l'époque précédente les goûtait; c'est seulement depuis Rossini qu'on sait ce que c'est que la mélodie. *Fidelio* est une ordure; on ne comprend pas qu'on se donne la peine d'aller s'y ennuyer. »

Beethoven donna son dernier concert, comme pianiste, en 1814.

Les amis et les protecteurs de Beethoven se dispersèrent ou moururent : le prince Kinsky en 1812, Lichnowsky en 1814, Lobkowitz en 1816. Rasumowsky, pour qui il avait écrit ses admirables quatuors, op. 59, donna son dernier concert en février 1815. En 1815, Beethoven se brouille avec Stephan von Breuning, son ami d'enfance, le frère d'Éléonore[1]. Il est désormais seul : « Je n'ai point d'amis et je suis seul au monde », écrit-il dans ses notes de 1816.

La surdité était devenue complète. Depuis

1. La même année, Beethoven perdit son frère Carl : « Il tenait beaucoup à la vie, autant que je perdrais volontiers la mienne », écrivait-il à Antonia Brentano.

2. En dehors de la surdité, sa santé empirait de jour en jour. Depuis octobre 1816, il était très malade d'un catarrhe inflammatoire. Pendant l'été de 1817, son médecin lui dit que c'était une maladie de poitrine. Dans l'hiver 1817-1818, il se tourmenta de cette soi-disant phtisie. Puis ce furent des rhumatismes aigus en 1820-1821, une jaunisse en 1821, une conjonctivite en 1823. — Beethoven écrit à Franz Brentano, le 12 novembre 1821 (en pleine composition de la *Messe en ré* : « Depuis l'année dernière jusqu'à maintenant, j'ai été toujours malade.... Maintenant, cela va mieux, Dieu merci, et il me semble que je puis vivre de nouveau pour mon art, — ce qui à proprement parler n'est pas le cas, depuis deux ans, par manque de bonne santé, aussi bien que pour tant d'autres souffrances ».

2. À part sa touchante amitié avec la comtesse Maria von Erdödy, toujours souffrante comme lui, atteinte d'un mal inguérissable "die leidende Freundin", "die liebe liebe hebe liebe liebe gräfin", et qui perdit subitement en 1816 son fils unique. Reichardt, qui l'a connue, l'appelle "la chère malade, et pourtant si touchante émouvante par sa sérénité" (die liebe kränkliche und doch so rührend...

50 BEETHOVEN.

l'automne de 1815, il n'a plus de relations que
par écrit avec le reste des hommes. Le plus
ancien cahier de conversation est de 1816 [1]. On
connaît le douloureux récit de Schindler sur la
représentation de *Fidelio* en 1822. « Beethoven
demanda à diriger la répétition générale.... Dès
le duetto du premier acte, il fut évident qu'il
n'entendait rien de ce qui se passait sur la
scène. Il retardait considérablement le mouvement ; et, tandis que l'orchestre suivait son
bâton, les chanteurs pressaient pour leur
compte. Il s'ensuivit une confusion générale.
Le chef d'orchestre ordinaire, Umlauf, proposa
un instant de repos, sans en donner la raison ;
et, après quelques paroles échangées avec les
chanteurs, on recommença. Le même désordre
se produisit de nouveau. Il fallut faire une
seconde pause. L'impossibilité de continuer

1. Remarquer que de cette année date, dans sa musique
un changement de style, inauguré par la sonate op. 101.
    Les cahiers de conversation de Beethoven, formant plus
de 11 000 pages manuscrites, se trouvent réunis aujourd'hui
à a Bibliothèque royale de Berlin.

maître grälin." — Beethoven lui dédia en 1809 ses deux
trios op. 70 en D dur et en ES, et en 1815-2 ses deux
grandes sonates pour violoncelle op. 102 en C et D dur. —
Il disait qu'elle était pour lui "un confesseur". Il la
consolait, et elle le consolait.

sous la direction de Beethoven était évidente; mais comment le lui faire comprendre? Personne n'avait le cœur de lui dire : « Retire-toi, pauvre malheureux, tu ne peux pas diriger ». Beethoven, inquiet, agité, se tournait à droite et à gauche, s'efforçait de lire dans l'expression des différentes physionomies, et de comprendre d'où venait l'obstacle : de tous côtés, le silence. Tout à coup, il m'appela d'une façon impérieuse. Quand je fus près de lui, il me présenta son carnet et me fit signe d'écrire. Je traçai ces mots : « Je vous supplie de ne pas continuer; je vous expliquerai à la maison pourquoi ». D'un bond, il sauta dans le parterre, me criant : « Sortons vite! » Il courut d'un trait jusqu'à sa maison; il entra et se laissa tomber inerte sur un divan, se couvrant le visage avec les deux mains; il resta ainsi jusqu'à l'heure du repas. A table, il ne fut pas possible d'en tirer une parole; il conservait l'expression de l'abattement et de la douleur la plus profonde. Après dîner, quand je voulus le laisser, il me retint, m'exprimant le désir de ne pas rester seul. Au moment de nous séparer, il me pria de l'accompagner chez son médecin, qui avait une grande réputation pour les maladies de l'oreille.... Dans toute la suite de mes rapports avec Beethoven, je ne trouve pas un jour qui puisse se comparer à ce jour fatal de novembre.... Il avait été frappé au cœur, et, jusqu'au jour de sa mort, il vécut sous l'impression de cette terrible scène [1]. »

Deux ans plus tard, le 7 mai 1824, dirigeant la *Symphonie avec chœurs* (ou plutôt, comme dit le programme, « prenant part à la direction du concert »), il n'entendait rien du fracas de toute la salle qui l'acclamait; il ne parvenait à s'en douter, que lorsqu'une des chanteuses, le prenant par la main, le tournait du côté du public, et qu'il voyait soudain les auditeurs debout, agitant leurs chapeaux, et battant des

---

1. Schindler, qui devint l'intime de Beethoven, depuis 1819, était entré en relations avec lui dès 1814; mais Bœthoven avait eu la plus grande peine à lui accorder son amitié; il le traitait d'abord avec une hauteur méprisante.

mains. — Un voyageur anglais, Russel, qui le
vit au piano, vers 1825, dit que quand il voulait jouer doucement, les touches ne réson-
naient pas, et que cela était saisissant de suivre
dans ce silence l'émotion qui l'animait, sur sa
figure et ses doigts crispés.

Muré en lui-même[1], séparé du reste des
hommes, il n'avait de consolation qu'en la
nature. « Elle était sa seule confidente », dit
Thérèse de Brunswick. Elle fut son refuge.
Charles Neate, qui le connut en 1815, dit qu'il
ne vit jamais personne qui aimât aussi parfai-
tement les fleurs, les nuages, la nature[2] : il
semblait en vivre. — « Personne sur terre ne
peut aimer la campagne autant que moi, écrit
Beethoven.... J'aime un arbre plus qu'un
homme.... » — Chaque jour, à Vienne, il fai-

1. Voir les admirables pages de Wagner sur la surdité de
Beethoven. (*Beethoven*, 1870.)
2. Il aimait les bêtes et avait pitié d'elles. La mère de
l'historien von Frimmel racontait qu'elle avait conservé
longtemps une haine involontaire pour Beethoven, parce
que, quand elle était petite fille, il chassait avec son mou-
choir tous les papillons qu'elle voulait prendre.

sait le tour des remparts. A la campagne, de l'aurore à la nuit, il se promenait seul, sans chapeau, sous le soleil, ou la pluie. « Tout-Puissant! — Dans les bois je suis heureux, — heureux dans les bois — où chaque arbre parle par toi. — Dieu, quelle splendeur! — Dans ces forêts, sur les collines, — c'est le calme, — le calme pour te servir. »

Son inquiétude d'esprit y trouvait quelque répit[1]. Il était harcelé par les soucis d'argent. Il écrit en 1818 : « Je suis presque réduit à la mendicité, et je suis forcé d'avoir l'air de ne pas manquer du nécessaire ». Et ailleurs : « La sonate op. 106 a été écrite dans des circonstances pressantes. C'est une dure chose de travailler pour se procurer du pain. » Spohr dit que souvent il ne pouvait sortir, à cause de ses souliers troués. Il avait de fortes dettes envers ses éditeurs, et ses œuvres ne lui rapportaient rien. La *Messe en ré*, mise en sous-

---

1. Il se trouvait toujours mal logé. En trente-cinq ans, il changea trente fois d'appartement, à Vienne.

cription, recueillit sept souscripteurs (dont pas
un musicien)[1]. Il recevait à peine trente ou
quarante ducats pour ses admirables sonates,
dont chacune lui coûtait trois mois de travail.
Le prince Galitzin lui faisait composer ses quatuors, op. 127, 130, 132, ses œuvres les plus
profondes peut-être et qui semblent écrites avec
son sang ; il ne les lui payait pas. Beethoven se
consumait dans des difficultés domestiques, dans
des procès sans fin, afin d'obtenir les pensions
qu'on lui devait, ou de conserver la tutelle
d'un neveu, le fils de son frère Charles, mort
de la phtisie en 1815.

Il avait reporté sur cet enfant le besoin de
dévouement dont son cœur débordait. Il se
réservait là encore de cruelles souffrances. Il
semble qu'une sorte de grâce d'état ait pris soin
de renouveler sans cesse et d'accroître sa misère, pour que son génie ne manquât point d'ali-

1. Beethoven s'était adressé personnellement à Cherubini,
qui était « de ses contemporains celui qu'il estimait le
plus ». (Nohl, *Lettres de Beethoven*, CCL.) Cherubini ne
répondit pas.

ments. — Il lui fallut d'abord disputer le petit Charles à la mère indigne, qui voulait le lui enlever :

« O mon Dieu, écrit-il, mon rempart, ma défense, mon seul refuge! tu lis dans les profondeurs de mon âme, et tu sais les douleurs que j'éprouve, lorsqu'il faut que je fasse souffrir ceux qui veulent me disputer mon Charles, mon trésor[1]! Entends-moi, Être que je ne sais comment nommer, exauce l'ardente prière de la plus malheureuse de tes créatures! »

« O Dieu! A mon secours! Tu me vois abandonné de l'humanité entière, parce que je ne veux pas pactiser avec l'injustice! Exauce la prière que je te fais, au moins pour l'avenir, de vivre avec mon Charles!... O sort cruel, destin implacable! Non, non, mon malheur ne finira jamais! »

Puis ce neveu, si passionnément aimé, se

_____

1. « Je ne me venge jamais, écrit-il ailleurs à Mme Streicher. Quand je suis obligé d'agir contre d'autres hommes, je ne fais que le strict nécessaire pour me défendre, ou pour les empêcher de faire le mal. »

montra indigne de la confiance de son oncle. La correspondance de Beethoven avec lui est douloureuse et révoltée, comme celle de Michel-Ange avec ses frères, mais plus naïve et plus touchante :

« Dois-je encore une fois être payé par l'ingratitude la plus abominable? Eh bien, si le lien doit être rompu entre nous, qu'il le soit! tous les gens impartiaux qui le sauront te haïront.... Si le pacte qui nous lie te pèse, au nom de Dieu, — qu'il en soit selon sa volonté! — Je t'abandonne à la Providence; j'ai fait tout ce que je pouvais; je puis paraître devant le Juge Suprême [1].... »

« Gâté, comme tu es, cela ne te ferait pas de mal de tâcher enfin d'être simple et vrai; mon cœur a trop souffert de ta conduite hypocrite à mon égard, et il m'est difficile d'oublier.... Dieu m'est témoin, je ne rêve que d'être à mille lieues de toi, et de ce triste frère, et de cette

1. Nohl, CCCXLIII.

abominable famille.... — Je ne peux plus avoir confiance en toi. » Et il signe : « Malheureusement, ton père, — ou mieux, pas ton père[1] ».

Mais le pardon vient aussitôt :

« Mon cher fils! — Pas un mot de plus, — viens dans mes bras, tu n'entendras aucune dure parole.... Je te recevrai avec le même amour. Ce qu'il y a à faire pour ton avenir, nous en parlerons amicalement. — Ma parole d'honneur, aucun reproche! Ils ne serviraient plus à rien. Tu n'as plus à attendre de moi que la sollicitude et l'aide la plus aimante. — Viens — viens sur le cœur fidèle de ton père. — Beethoven. — Viens, aussitôt après le reçu de cette lettre, viens à la maison. » (Et sur l'adresse, en français : « *Si vous ne viendrez pas, vous me tuerez sûrement*[2]. »)

« Ne mens pas, supplie-t-il, reste toujours mon fils bien-aimé! Quelle horrible dissonance, si tu me payais d'hypocrisie, comme on veut

1. Nohl, CCCXIV.
2. Nohl, CCCLXX.

me le faire croire!... Adieu, celui qui ne t'a
pas donné la vie, mais qui te l'a certainement
conservée et qui a pris tous les soins possibles
de ton développement moral, avec une affection plus que paternelle, te prie du fond du
cœur, de suivre le seul vrai chemin du bien et
du juste. Ton fidèle bon père [1]. »

Après avoir caressé toutes sortes de rêves
pour l'avenir de ce neveu, qui ne manquait pas
d'intelligence et qu'il voulait diriger vers la
carrière universitaire, Beethoven dut consentir
à en faire un négociant. Mais Charles fréquen-
tait les tripots, il faisait des dettes.

Par un triste phénomène, plus fréquent qu'on
ne croit, la grandeur morale de son oncle, au
lieu de lui faire du bien, lui faisait du mal,
l'exaspérait, le poussait à la révolte, comme il
le dit, dans ce terrible mot, où se montre à vif
cette âme misérable : « Je suis devenu plus

1. Nohl, CCCLXII-LXVII. Une lettre, que vient de retrouver
à Berlin M. Kalischer, montre avec quelle passion Beethoven
voulait faire de son neveu « un citoyen utile à l'État »
(1er février 1819).

mauvais, parce que mon oncle voulait que je fusse meilleur ». Il en arriva, dans l'été de 1826, à se tirer un coup de pistolet dans la tête. Il n'en mourut pas; mais ce fut Beethoven qui faillit en mourir : il ne se remit jamais de cette émotion affreuse [1]. Charles guérit : il vécut jusqu'à la fin pour faire souffrir son oncle, à la mort duquel il ne fut pas tout à fait étranger, et auprès duquel il ne fut pas à l'heure de la mort. — « Dieu ne m'a jamais abandonné », écrivait Beethoven à son neveu, quelques années avant. « Il se trouvera quelqu'un pour me fermer les yeux. » — Ce ne devait pas être celui qu'il appelait « son fils » [2].

1. Schindler, qui le vit alors, dit qu'il devint, subitement, comme un vieillard de soixante-dix ans, brisé, sans force, sans volonté. Il serait mort, si Charles était mort. — Il mourut peu de mois après.

2. Le dilettantisme de notre temps n'a pas manqué de chercher à réhabiliter ce drôle. Cela ne peut surprendre.

*
* *

C'est du fond de cet abîme de tristesse que Beethoven entreprit de célébrer la Joie.

C'était le projet de toute sa vie. Dès 1793, il y pensait, à Bonn [1]. Toute sa vie, il voulut chanter la Joie, et en faire le couronnement de l'une de ses grandes œuvres. Toute sa vie, il

1. Lettre de Fischenich à Charlotte Schiller (janvier 1793). L'ode de Schiller avait été écrite en 1785. — Le thème actuel apparaît en 1808, dans la *Fantaisie pour piano, orchestre et chœur*, op. 80, et en 1810, dans le *Lied*, sur des paroles de Gœthe : *Kleine Blumen, kleine Blætter*. — J'ai vu dans un cahier de notes de 1812, appartenant au Dr Erich Prieger, à Bonn, entre les esquisses de la *Septième Symphonie* et un projet d'*ouverture de Macbeth*, un essai d'adaptation des paroles de Schiller au thème qu'il utilisa plus tard dans l'ouverture op. 115 (*Namensfeier*). — Quelques-uns des motifs instrumentaux de la *Neuvième Symphonie* se montrent avant 1815. Enfin, le thème définitif de la Joie est noté en 1822, ainsi que tous les autres airs de la Symphonie, sauf le *trio*, qui vient peu après, puis l'*andante moderato*, et enfin l'*adagio*, qui paraît le dernier.

Sur le poème de Schiller, et sur la fausse interprétation qu'on en a voulu donner, de notre temps, en substituant au mot *Freude* (Joie) le mot *Freiheit* (Liberté), voir un article de Charles Andler dans *Pages Libres* (8 juillet 1905).

hésita à trouver la forme exacte de l'hymne, et l'œuvre où il pourrait lui donner place. Même dans sa *Neuvième Symphonie*, il était loin d'être décidé. Jusqu'au dernier instant, il fut sur le point de remettre l'*Ode à la Joie* à une dixième ou onzième symphonie. On doit bien remarquer que la *Neuvième* n'est pas intitulée, comme on dit : *Symphonie avec chœurs*, mais *Symphonie avec un chœur final sur l'Ode à la Joie*. Elle pouvait, elle a failli avoir une autre conclusion. En juillet 1823, Beethoven pensait encore à lui donner un *finale* instrumental, qu'il employa ensuite dans le quatuor op. 132. Czerny et Sonnleithner assurent même qu'après l'exécution (mai 1824), Beethoven n'avait pas abandonné cette idée.

Il y avait, à l'introduction du chœur dans une symphonie, de grandes difficultés techniques que nous attestent les cahiers de Beethoven et ses nombreux essais pour faire entrer les voix autrement, et à un autre moment de l'œuvre. Dans les esquisses de la deuxième mélodie de

l'*adagio*[1], il a écrit : « Peut-être le chœur entre-
rait-il convenablement ici ». Mais il ne pouvait
se décider à se séparer de son fidèle orchestre.
« Quand une idée me vient, disait-il, je l'entends
dans un instrument, jamais dans les voix. »
Aussi recule-t-il le plus possible le moment
d'employer les voix; et il va jusqu'à donner
d'abord aux instruments, non seulement les récitatifs du *finale*[2], mais le thème même de la Joie.

Mais il faut aller plus avant encore dans
l'explication de ces hésitations et de ces retards :
la cause en est plus profonde. Ce malheureux
homme, toujours tourmenté par le chagrin, a
toujours aspiré à chanter l'excellence de la
Joie; et, d'année en année, il remettait sa
tâche, sans cesse repris par le tourbillon de
ses passions et par sa mélancolie. Ce n'est
qu'au dernier jour qu'il y est parvenu. Mais
avec quelle grandeur !

1. Bibliothèque de Berlin.
2. *Also ganz so als ständen Worte darunter.* (« Tout à fait
comme s'il y avait des paroles dessous. »)

Au moment où le thème de la Joie va paraître pour la première fois, l'orchestre s'arrête brusquement; il se fait un soudain silence : ce qui donne à l'entrée du chant un caractère mystérieux et divin. Et cela est vrai : ce thème est proprement un dieu. La Joie descend du ciel, enveloppée d'un calme surnaturel : de son souffle léger elle caresse les souffrances; et la première impression qu'elle fait est si tendre, quand elle se glisse dans le cœur convalescent, qu'ainsi que cet ami de Beethoven, « on a envie de pleurer, en voyant ses doux yeux ». Lorsque le thème passe ensuite dans les voix, c'est à la basse qu'il se présente d'abord, avec un caractère sérieux et un peu oppressé. Mais peu à peu la Joie s'empare de l'être. C'est une conquête, une guerre contre la douleur. Et voici les rythmes de marche, les armées en mouvement, le chant ardent et haletant du ténor, toutes ces pages frémissantes, où l'on croit entendre le souffle de Beethoven lui-même, le rythme de sa respiration et de ses cris inspirés, tandis qu'il parcourait les champs, en composant son œuvre, transporté d'une fureur démoniaque, comme un vieux roi Lear au milieu de l'orage. A la joie guerrière succède l'extase religieuse; puis une orgie sacrée, un délire d'amour. Toute une humanité frémissante tend les bras au ciel, pousse des clameurs puissantes, s'élance vers la Joie, et l'étreint sur son cœur.

L'œuvre du Titan eut raison de la médiocrité publique. La frivolité de Vienne en fut un instant ébranlée; elle était tout à Rossini, et aux opéras italiens. Beethoven, humilié et attristé, allait s'établir à Londres, et pensait y faire exécuter la *Neuvième Symphonie*. Une seconde fois, comme en 1809, quelques nobles amis lui portèrent une supplique, pour qu'il ne quittât pas la patrie. « Nous savons, disaient-ils, que vous avez écrit une nouvelle composition de musique sacrée[1], où vous avez

---

1. La *Messe en ré*, op. 123.

exprimé les sentiments que vous inspire *votre foi profonde*. La *lumière surnaturelle* qui pénètre votre grande âme l'illumine. Nous savons d'autre part que la couronne de vos grandes symphonies s'est augmentée d'une fleur immortelle.... Votre absence, pendant ces dernières années, affligeait tous ceux qui avaient les yeux tournés vers vous[1]. Tous pensaient avec tristesse que l'homme de génie, placé si haut parmi les vivants, restait silencieux, tandis qu'un genre de musique étrangère cherchait à se transplanter sur notre terre, faisant tomber dans l'oubli les productions de l'art allemand.... De vous seul la nation attend une nouvelle vie, de nouveaux lauriers, et un nouveau règne du vrai et du beau, en dépit de la mode du jour.... Donnez-nous l'espoir de voir bientôt nos désirs satisfaits.... Et puisse le printemps qui vient, refleurir doublement,

1. Beethoven, harassé par les tracas domestiques, la misère, les soucis de tout genre, n'écrivit en cinq ans, de 1816 à 1821, que trois œuvres pour piano (op. 101, 102, 106). Ses ennemis le disaient épuisé. Il se remit au travail en 1821.

grâce à vos dons, pour nous et pour le monde[1] ! » Cette généreuse adresse montre quelle était la puissance non seulement artistique, mais morale, dont Beethoven jouissait sur l'élite de l'Allemagne. Le premier mot qui s'offre à ses admirateurs pour louer son génie n'est pas celui de science, ni d'art : c'est celui de *foi*[2].

Beethoven fut profondément ému par ces paroles. Il resta. Le 7 mai 1824, eut lieu à Vienne la première audition de la *Messe en ré* et de la *Neuvième Symphonie*. Le succès fut triomphal, et prit même un caractère presque séditieux. Quand Beethoven parut, il fut accueilli

---

1. Février 1824. Signèrent : prince C. Lichnowski, comte Maurice Lichnowski, comte Maurice de Fries, comte M. de Dietrichstein, comte F. de Palfy, comte Czernin, Ignace Edler de Mosel, Charles Czerny, abbé Stadler, A. Diabelli, Artaria et C., Steiner et C., A. Streicher, Zmeskall, Kiesewetter, etc.

2. « Mon caractère moral est reconnu publiquement », — dit fièrement Beethoven à la municipalité de Vienne, le 1er février 1819, pour revendiquer son droit de tutelle sur son neveu. « Même des écrivains distingués, comme Weissenbach, ont jugé qu'il valait la peine de lui consacrer des écrits. »

par cinq salves d'applaudissements ; la coutume, dans ce pays de l'étiquette, était de n'en faire que trois pour l'entrée de la famille impériale. La police dut mettre fin aux manifestations. La symphonie souleva un enthousiasme frénétique. Beaucoup pleuraient. Beethoven s'évanouit d'émotion après le concert; on le porta chez Schindler; il y resta assoupi, tout habillé, sans manger ni boire, toute la nuit et le matin suivant. Le triomphe fut passager, et le résultat pratique en fut nul pour Beethoven. Le concert ne rapporta rien. La gêne matérielle de sa vie n'en fut point changée. Il se retrouva pauvre, malade[1], solitaire, — mais vainqueur[2] : — vainqueur de la médiocrité des hommes,

1. En août 1824, il était hanté de la crainte de mourir brusquement d'une attaque, « comme mon cher grand-père, avec qui j'ai tant de ressemblance », écrit-il, le 16 août 1824, au docteur Bach.

Il souffrait beaucoup de l'estomac. Il fut très mal pendant l'hiver de 1824-1825. En mai 1825, il eut des crachements de sang, et des saignements de nez. Le 9 juin 1825, il écrit à son neveu : « Ma faiblesse touche souvent à l'extrème.... L'homme à la faux ne tardera pas à venir. »

2. La *Neuvième Symphonie* fut exécutée pour la première fois, en Allemagne, à Francfort, le ᵉʳ avril 1825; à Londres,

vainqueur de son propre destin, vainqueur de
sa souffrance.

« Sacrifie, sacrifie toujours les niaiseries de
la vie à ton art ! Dieu par-dessus tout ! » (*O Gott
über alles !*)

*
* *

Il s'est donc emparé de l'objet de toute sa
vie. Il a saisi la Joie. — Saura-t-il rester à ce
sommet de l'âme, qui domine les tempêtes ? —
Certes, il dut retomber bien des jours dans les
anciennes angoisses. Certes, ses derniers
quatuors sont pleins d'ombres étranges. Pourtant il semble que la victoire de la *Neuvième
Symphonie* ait laissé en lui sa glorieuse marque.
Les projets qu'il a pour l'avenir[1] : la *Dixième*

dès le 25 mars 1825 ; à Paris, au Conservatoire, le 27 mars
1831. Mendelssohn, âgé de dix-sept ans, en donna une audition sur le piano, à la Jaegerhalle de Berlin, le 14 novembre 1826. Wagner, étudiant à Leipzig, la recopia tout entière
de sa main ; et, dans une lettre du 6 octobre 1830 à l'éditeur
Schott, il lui offre une réduction de la symphonie, pour
piano à deux mains. On peut dire que la *Neuvième Symphonie*
décida de la vie de Wagner.

1. « Apollon et les Muses ne voudront pas me livrer déjà
à la mort ; car je leur dois tant encore ! Il faut qu'avant mon

Symphonie[1], l'*Ouverture sur le nom de Bach*, la musique pour la *Mélusine* de Grillparzer[2], pour l'*Odysseus* de Körner et le *Faust*, de Gœthe[3],

départ pour les Champs-Élysées, je laisse après moi ce que l'Esprit m'inspire et me dit d'achever. Il me semble que j'ai à peine écrit quelques notes. » (Aux frères Schott, 17 septembre 1824. — Nohl, *Neue Briefe*, CCLXXII.)

1. Beethoven écrit à Moscheles, le 18 mars 1827 : « Une Symphonie entièrement esquissée est dans mon pupitre, avec une nouvelle ouverture. » Cette esquisse n'a jamais été retrouvée. — On lit seulement dans ses notes :

« Adagio cantique. — Chant religieux pour une symphonie dans les anciens modes (*Herr Gott dich loben wir. — Alleluja*), soit d'une façon indépendante, soit comme introduction à une fugue. Cette symphonie pourrait être caractérisée par l'entrée des voix, soit dans le *finale*, soit dès l'*adagio*. Les violons de l'orchestre, etc., décuplés pour les derniers mouvements. Faire entrer les voix une à une; ou répéter en quelque sorte l'*adagio*, dans les derniers mouvements. Pour texte de l'*adagio*, un mythe grec, [ou] un cantique ecclésiastique, dans l'*allegro*, fête à Bacchus. » (1818)

Comme on voit, la conclusion chorale était alors réservée pour la *Dixième* et non pour la *Neuvième Symphonie*.

Plus tard, il dit qu'il veut accomplir dans sa *Dixième Symphonie* « la réconciliation du monde moderne avec le monde antique, ce que Gœthe avait tenté dans son *Second Faust* ».

2. Le sujet est la légende d'un chevalier, qui est amoureux et captif d'une fée, et qui souffre de la nostalgie de la liberté. Il y a des analogies entre le poème et celui de *Tannhaeuser*. Beethoven y travailla de 1823 à 1826. (Voir A. Ehrhard, *Franz Grillparzer*, 1900.)

3. Beethoven avait, depuis 1808, le dessein d'écrire la musique de *Faust*. (La première partie du *Faust* venait de paraître, sous le titre de Tragédie, en automne 1807.) C'était

l'oratorio biblique sur *Saül et David*, montrent son esprit attiré vers la sérénité puissante des grands vieux maîtres allemands : de Bach et de Hændel, — et, plus encore, vers la lumière du Midi, vers le Sud de la France, ou vers cette Italie qu'il rêvait de parcourir [1].

Le docteur Spiller, qui le vit en 1826, dit que sa figure était devenue joyeuse et joviale. La même année, quand Grillparzer lui parle pour la dernière fois, c'est Beethoven qui rend de l'énergie au poète accablé : « Ah! dit celui-ci, si j'avais la millième partie de votre force et de votre fermeté! » Les temps sont durs; la réaction monarchique opprime les esprits. « La censure m'a tué, gémit Grillparzer. Il faut

là son projet le plus cher. (« *Was mir und der Kunst das Hœchste ist.* »)

1. « Le Sud de la France! c'est là! c'est là! » (*Südliches Frankreich, dahin! dahin!*) (carnet de la bibliothèque de Berlin). — « ... Partir d'ici. A cette seule condition, tu pourras de nouveau t'élever dans les hautes régions de ton art.... Une symphonie, puis partir, partir, partir.... L'été, travailler pour le voyage.... Parcourir l'Italie, la Sicile avec quelque autre artiste. » (*Id.*)

partir pour l'Amérique du Nord, si l'on veut
parler, penser librement. » Mais nul pouvoir
ne pouvait bâillonner la pensée de Beethoven.
« Les mots sont enchaînés; mais les sons par
bonheur sont encore libres », lui écrit le poète
Kuffner. Beethoven est la grande voix libre, la
seule peut-être alors de la pensée allemande. Il
le sentait. Souvent il parle du devoir qui lui
était imposé d'agir, au moyen de son art,
« pour la pauvre humanité », pour « l'humanité
à venir » (*der künftigen Menschheit*), de lui
faire du bien, de lui rendre courage, de secouer
son sommeil, de flageller sa lâcheté. « Notre
temps, écrivait-il à son neveu, a besoin de
robustes esprits pour fouailler ces misérables
gueuses d'âmes humaines. » Le docteur Müller
dit, en 1827, que « Beethoven s'exprimait
toujours librement sur le gouvernement, sur
la police, sur l'aristocratie, même en public.
La police le savait, mais elle tolérait ses
critiques et ses satires comme des rêve-
ries inoffensives ; et elle laissait en repos

Pour les opinions religieuses de Beethoven, voir :
Theodor von Frimmel : - Beethoven (Verlag Harmonie, 3e ed.)
et - Beethoveniana (Georg Müller) vol. II. chap. Blöchinger.

l'homme dont le génie avait un extraordinaire
éclat[1] ».

Ainsi rien n'était capable de plier cette force
indomptable. Elle semble se faire un jeu
maintenant de la douleur. La musique écrite
dans ces dernières années, malgré les circonstances pénibles où elle fut composée[2], a
souvent un caractère tout nouveau d'ironie, de
mépris héroïque et joyeux. Quatre mois avant
sa mort, le dernier morceau qu'il termine, en
novembre 1826, le nouveau *finale* au *quatuor*

---

1. En 1819, il faillit être poursuivi par la police, pour
avoir dit trop haut « qu'après tout, le Christ n'était qu'un
Juif crucifié ».

Il écrivait alors la *Messe en ré*. C'est assez dire la liberté
de ses inspirations religieuses. — Quant à ses opinions politiques, Beethoven attaquait hardiment les préjugés et les
vices de son gouvernement. Il lui reprochait, entre autres
choses : l'organisation de la justice, arbitraire et servile,
entravée par une longue procédure ; — la police, qui tendait constamment à outrepasser ses attributions ; — la
bureaucratie baroque et inerte, qui tuait toute initiative indi-
viduelle et paralysait l'action ; — les privilèges d'une aristocratie dégénérée, tenace à s'arroger exclusivement les
plus hautes charges de l'État ; — l'impuissance du souve-
rain à pourvoir au bien-être des citoyens. — Ses sympathies
politiques semblaient être alors pour l'Angleterre.

2. Le suicide de son neveu.

op. 130, est très gai. A la vérité, cette gaîté n'est pas celle de tout le monde. Tantôt c'est le rire âpre et saccadé dont parle Moscheles ; tantôt le sourire émouvant, fait de tant de souffrances vaincues. N'importe, il est vainqueur. Il ne croit pas à la mort.

Elle venait cependant. A la fin de novembre 1826, il prit un refoidissement pleurétique; il tomba malade à Vienne, au retour d'un voyage entrepris en hiver pour assurer l'avenir de son neveu[1]. Ses amis étaient loin. Il chargea

---

1. Voir sur *la Dernière maladie et la mort de Beethoven* un article du Dr Klotz-Forest, dans la *Chronique médicale* du 1er et du 15 avril 1906. — On a des renseignements assez précis par les *Cahiers de conversation*, où sont inscrites les questions du docteur, et par le récit du docteur lui-même (Dr Wawruch), paru, sous le titre de : *Aerztlicher Rückblick auf L. V. B. letzte Lebenstage* dans la *Wiener Zeitschrift* en 1842 (daté du 20 mai 1827).

Il y eut deux phases dans la maladie : 1° des accidents pulmonaires, qui semblèrent arrêtés après six jours. « Le septième jour, il se sentit assez bien pour se lever, marcher, lire et écrire » ; — 2° des troubles digestifs, compliqués de troubles de circulation. « Le huitième jour, je le trouvai défait, le corps tout jaune. Un violent accès de diarrhée, compliquée de vomissements, avait failli le tuer dans la nuit. » A partir de ce moment, l'hydropisie se développa.

Cette rechute eut des causes morales, qui sont mal connues. « Une violente colère, une souffrance profonde, causée

son neveu de lui chercher un médecin. Le misérable oublia la commission, ne s'en souvint que deux jours après. Le médecin vint trop tard et soigna mal Beethoven. Trois mois, sa constitution athlétique lutta contre le mal. Le 3 janvier 1827, il institua son bien-aimé neveu, légataire universel. Il pensa à ses chers amis du Rhin ; il écrivit encore à Wegeler : « … Combien je voudrais te parler ! mais je suis trop faible. Je ne puis plus rien que t'embrasser dans mon cœur, toi et ta Lorchen. » La misère eût assombri ses derniers instants sans la générosité de quelques amis anglais. Il était devenu très doux et très patient[1]. Sur son lit

par l'ingratitude dont il avait souffert, et une injure imméritée, avaient occasionné cette explosion, dit le Dr Wawruch. Tremblant et frissonnant, il était courbé par la douleur qui déchirait ses entrailles. »

Résumant ces diverses observations, le Dr Klotz-Forest diagnostique, après une attaque de congestion pulmonaire, la cirrhose atrophique de Laënnec (maladie de foie), avec ascite, et œdème des membres inférieurs. Il croit que l'usage immodéré des boissons spiritueuses y contribua. C'était déjà l'avis du Dr Malfatti : « *Sedebat et bibebat* ».

1. Les Souvenirs du chanteur Ludwig Cramolini, qui viennent d'être publiés, racontent une émouvante visite à Beethoven, pendant sa dernière maladie, où Beethoven se

d'agonie, le 17 février 1827, après trois opérations, attendant la quatrième[1], il écrit avec sérénité : « Je prends patience et je pense : Tout mal amène avec lui quelque bien. »

Le bien fut la délivrance, « la fin de la comédie », comme il dit en mourant, — disons : de la tragédie de sa vie.

Il mourut pendant un orage, — une tempête de neige, — dans un éclat de tonnerre. Une main étrangère lui ferma les yeux[2] (26 mars 1827).

*
* *

Cher Beethoven! Assez d'autres ont loué sa grandeur artistique. Mais il est bien davan-

---

montra d'une sérénité et d'une bonté touchantes. (Voir la *Frankfurter Zeitung* du 29 septembre 1907.)

1. Les opérations eurent lieu le 20 décembre, le 8 janvier, le 2 février, et le 27 février. — Le pauvre homme, sur son lit de mort, était rongé par les punaises. (Lettre de Gerhard von Breuning.)

2. Le jeune musicien Anselm Hüttenbrenner.

« Dieu soit loué ! » écrit Breuning. « Remercions-le d'avoir mis fin à ce long et douloureux martyre. »

Tous les manuscrits, livres et meubles de Beethoven furent vendus aux enchères pour 1 575 florins. Le catalogue

tage que le premier des musiciens. Il est la force la plus héroïque de l'art moderne. Il est le plus grand et le meilleur ami de ceux qui souffrent et qui luttent. Quand nous sommes attristés par les misères du monde, il est celui qui vient auprès de nous, comme il venait s'asseoir au piano d'une mère en deuil, et, sans une parole, consolait celle qui pleurait, au chant de sa plainte résignée. Et quand la fatigue nous prend de l'éternel combat inutilement livré contre la médiocrité des vices et des vertus, c'est un bien indicible de se retremper dans cet océan de volonté et de foi. Il se dégage de lui une contagion de vaillance, un bonheur de la lutte [1], l'ivresse d'une conscience qui sent en

comprenait 252 numéros de manuscrits et de livres musicaux, qui ne dépassèrent pas la somme de 982 florins 37 kreutzer. Les *Cahiers de conversation* et les *Tagebücher* furent vendus 1 florin 20 kreutzer. — Parmi ses livres, Beethoven possédait : Kant, *Naturgeschichte und Theorie des Himmels*; — Bode, *Anleitung zur Kenntnis des gestirnten Himmels*; — Thomas von Kempis, *Nachfolge Christi*. — La censure mit la main sur : Seume, *Spaziergang nach Syrakus*; — Kotzebue, *Ueber den Adel*; — Fessler, *Ansichten von Religion und Kirchentum.*

1. « Je suis heureux toutes les fois que je surmonte quelque

elle un Dieu. Il semble que dans sa communion de tous les instants avec la nature [1], il ait fini par s'en assimiler les énergies profondes. Grillparzer, qui admirait Beethoven avec une sorte de crainte, dit de lui : « Il alla jusqu'au point redoutable où l'art se fond avec les éléments sauvages et capricieux. » Schumann écrit de même de la *Symphonie en ut mineur* : « Si souvent qu'on l'entende, elle exerce sur nous une puissance invariable, comme ces phénomènes de la nature, qui, si fréquemment qu'ils se reproduisent, nous remplissent toujours de crainte et d'étonnement ». Et Schindler, son confident : « Il s'empara de l'esprit de la nature ». — Cela est vrai : Beethoven est une force de la nature ; et c'est un spectacle d'une grandeur homérique, que ce combat d'une

chose. » (Lettre à l'Immortelle Aimée.) — « Je voudrais vivre mille fois la vie.... Je ne suis pas fait pour une vie tranquille. » (A Wegeler, 16 novembre 1801.)

1. « Beethoven m'enseigna la science de la nature, et me dirigea dans cette étude comme dans celle de la musique. Ce n'étaient pas les lois de la nature, mais sa puissance élémentaire qui l'enchantait. » (Schindler.)

puissance élémentaire contre le reste de la nature.

Toute sa vie est pareille à une journée d'orage. — Au commencement, un jeune matin limpide. A peine quelques souffles de langueur. Mais déjà, dans l'air immobile, une secrète menace; un lourd pressentiment. Brusquement, les grandes ombres passent, les grondements tragiques, les silences bourdonnants et redoutables, les coups de vent furieux de l'*Héroïque* et de l'*Ut mineur*. Cependant la pureté du jour n'en est pas encore atteinte. La joie reste la joie; la tristesse garde toujours un espoir. Mais, après 1810, l'équilibre de l'âme se rompt. La lumière devient étrange. Des pensées les plus claires, on voit comme des vapeurs monter; elles se dissipent; elles se reforment; elles obscurcissent le cœur de leur trouble mélancolique et capricieux; souvent l'idée musicale semble disparaître tout entière, noyée, après avoir une ou deux fois émergé de la brume; elle ne ressort, à la fin du morceau,

que par une bourrasque. La gaîté même a
pris un caractère âpre et sauvage. Une fièvre,
un poison se mêle à tous les sentiments[1].
L'orage s'amasse, à mesure que le soir descend.
Et voici les lourdes nuées gonflées d'éclairs,
noires de nuit, grosses de tempêtes, du commencement de la *Neuvième*. — Soudain, au
plus fort de l'ouragan, les ténèbres se déchi-
rent, la nuit est chassée du ciel, et la sérénité
du jour rendue par un acte de volonté.

Quelle conquête vaut celle-ci, quelle bataille
de Bonaparte, quel soleil d'Austerlitz atteignent
à la gloire de cet effort surhumain, de cette
victoire, la plus éclatante qu'ait jamais rem-
portée l'Esprit : un malheureux, pauvre, in-
firme, solitaire, la douleur faite homme, à qui
le monde refuse la joie, crée la Joie lui-même
pour la donner au monde. Il la forge avec sa
misère, comme il l'a dit en une fière parole, où

1. « Oh! si belle est la vie; mais la mienne est pour tou-
ours *empoisonnée* » (*vergiftet*). (Lettre du 2 mai 1810, à
Wegeler.)

se résume sa vie, et qui est la devise de toute
âme héroïque :

« La Joie par la Souffrance. »
Durch Leiden Freude.

~~(A Lichnowsky, 21 septembre 1814.)~~

A la comtesse Erdödy, 19 octobre 1815.

TEXTES

(A Lichnowsky, 21 septembre 1814.)

TESTAMENT D'HEILIGENSTADT[1]

POUR MES FRÈRES
CARL ET (JOHANN)[2] BEETHOVEN

O vous, hommes, qui me regardez ou me faites passer pour haineux, fou, ou misanthrope, combien vous êtes injustes pour moi! Vous ne savez pas la raison secrète de ce qui vous paraît ainsi! Mon cœur et mon esprit étaient enclins, depuis l'enfance, au doux

---

1. Heiligenstadt est un faubourg de Vienne. Beethoven y était en séjour.
2. Le nom a été oublié sur le manuscrit.
N. B. — Les mots en italiques sont soulignés dans le texte.

sentiment de la bonté. Même à accomplir de grandes actions, j'ai toujours été disposé. Mais songez seulement, depuis six ans, quel est mon état affreux, aggravé par des médecins sans jugement, trompé d'année en année, dans l'espérance d'une amélioration, enfin contraint à la perspective d'un *mal durable* — dont la guérison demande peut-être des années, si elle n'est pas tout à fait impossible. Né avec un tempérament ardent et actif, accessible même aux distractions de la société, je devais de bonne heure me séparer des hommes, passer ma vie solitaire. Si je voulais parfois surmonter tout cela, oh! combien durement je me heurtais à la triste expérience renouvelée de mon infirmité! Et pourtant, il ne m'était pas possible de dire aux hommes : « Parlez plus haut, criez; car je suis sourd! » Ah! comment me serait-il possible d'aller révéler la faiblesse *d'un sens*, qui devrait être chez moi plus parfait que chez les autres, un sens que j'ai autrefois possédé dans la plus grande perfection, dans

une perfection comme certainement peu de
gens de mon métier l'ont jamais eu! — Oh!
cela, je ne le peux pas! — Pardonnez-moi
donc, si vous me voyez vivre à l'écart, quand
je voudrais me mêler à votre compagnie. Mon
malheur m'est doublement pénible, puisque je
lui dois d'être méconnu. Il m'est interdit de
trouver un délassemeut dans la société des
hommes, dans les conversations délicates, dans
les épanchements mutuels. Seul, tout à fait
seul. Je ne puis me risquer dans le monde,
qu'autant qu'une impérieuse nécessité l'exige.
Je dois vivre comme un proscrit. Si je m'approche d'une société, je suis saisi d'une dévo-
rante angoisse, par peur d'être exposé à ce
qu'on remarque mon état.

De là ces six mois que je viens de passer à la
campagne. Mon savant médecin m'engagea à
ménager mon ouïe autant que possible; il vint
au-devant de mes intentions propres. Et pourtant, maintes fois ressaisi par mon penchant
pour la société, je m'y suis laissé entraîner.

Mais quelle humiliation, quand il y avait quelqu'un près de moi, et qu'il entendait au loin une flûte, et que *je n'entendais rien*, ou qu'*il entendait le pâtre chanter* et que je n'entendais toujours rien[1]! De telles expériences me jetèrent bien près du désespoir : et peu s'en fallut que moi-même je ne misse fin à ma vie. — *C'est l'Art*, c'est lui seul, qui m'a retenu. Ah! il me semblait impossible de quitter ce monde avant d'avoir accompli tout ce dont je me sentais chargé. Et ainsi je prolongeai cette misérable vie, — vraiment misérable, — un corps si irritable, que le moindre change-

1. Je voudrais, à propos de cette douloureuse plainte, exprimer une remarque, qui, je crois, n'a jamais été faite. — On sait qu'à la fin du second morceau de la *Symphonie pastorale*, l'orchestre fait entendre le chant du rossignol, du coucou, et de la caille; et on peut dire d'ailleurs que la Symphonie presque tout entière est tissée de chants et de murmures de la Nature. Les esthéticiens ont beaucoup disserté sur la question de savoir si l'on devait ou non approuver ces essais de musique imitative. Aucun n'a remarqué que Beethoven n'imitait rien, puisqu'il n'entendait rien : il recréait dans son esprit un monde qui était mort pour lui. C'est ce qui rend si touchante cette évocation des oiseaux. Le seul moyen qui lui restât de les entendre, était de les faire chanter en lui.

ment peut me jeter de l'état le meilleur dans le pire! — *Patience!* — Ainsi dit-on ; c'est elle que je dois maintenant choisir pour guide. Je l'ai. — Durable, je l'espère, doit être ma résolution de résister, jusqu'à ce qu'il plaise aux Parques inexorables de trancher le fil de ma vie. Peut-être cela ira-t-il mieux, peut-être non : je suis prêt. — A vingt-huit ans, déjà, être forcé de devenir philosophe, ce n'est pas facile; c'est plus dur encore pour l'artiste que pour tout autre.

Divinité, tu pénètres d'en haut le fond de mon cœur, tu le connais, tu sais que l'amour des hommes et le désir de faire le bien y habitent! Oh hommes, si vous lisez un jour ceci, pensez que vous avez été injustes pour moi; et que le malheureux se console, en trouvant un malheureux comme lui, qui, malgré tous les obstacles de la nature, a cependant fait tout ce qui était en son pouvoir, pour être admis au rang des artistes et des hommes d'élite.

Vous, mes frères Carl et (Johann), aussitôt que je serai mort, et si le professeur Schmidt vit encore, priez-le en mon nom qu'il décrive ma maladie, et joignez à l'historique de ma maladie, la lettre que voici, afin qu'après ma mort, au moins autant qu'il est possible, le monde se réconcilie avec moi. — En même temps, je vous reconnais tous deux pour les héritiers de ma petite fortune — si on peut l'appeler ainsi. Partagez-la loyalement, soyez d'accord et aidez-vous l'un l'autre. Ce que vous m'avez fait de mal, vous le savez, je vous l'ai depuis longtemps pardonné. Toi, frère Carl, je te remercie tout particulièrement encore pour l'attachement que tu m'as témoigné dans ces derniers temps. Mon souhait est que vous ayez une vie plus heureuse, plus exempte de soucis, que la mienne. Recommandez à vos enfants *la Vertu* : elle seule peut rendre heureux, non l'argent. Je parle par expérience. C'est elle qui m'a soutenu moi-même dans ma misère ; c'est à elle que je dois, ainsi qu'à mon art, de n'avoir pas terminé ma vie par le suicide. — Adieu, et aimez-vous! — Je remercie tous mes amis, en particulier le *prince Lichnowski* et le *professeur Schmidt*. — Je souhaite que les instruments du prince L. puissent être conservés chez l'un de vous. Mais qu'il ne s'élève à ce sujet aucun débat entre vous. S'ils peuvent vous être bons à quelque chose de mieux, vendez-les aussitôt. Combien je serai heureux, si je puis encore vous servir dans ma tombe!

S'il en était ainsi, avec joie je vole au-devant de la mort. — Si elle vient avant que j'aie eu l'occasion de développer toutes mes facultés artistiques, malgré mon dur destin, elle vient encore trop tôt pour moi, et je souhaiterais de la retarder. — Mais même ainsi je suis content. Ne me délivre-t-elle pas d'un état de souffrance sans fin? — Viens quand tu veux, je vais courageusement au-devant de toi. — Adieu et ne m'oubliez pas tout à fait dans la mort; je mérite que vous pensiez à moi; car j'ai souvent pensé à vous, dans ma vie, pour vous rendre heureux. Soyez-le!

LUDWIG VAN BEETHOVEN.

Heiligenstadt, le 6 octobre 1802.

POUR MES FRÈRES CARL ET (JOHANN).
A LIRE ET A EXÉCUTER APRÈS MA MORT

Heiligenstadt, le 10 octobre 1802. — Ainsi, je prends congé de toi, — et certes tristement. — Oui, la chère espérance — que j'apportai ici, d'être guéri, au moins jusqu'à un certain point, — elle doit m'abandonner tout à fait. Comme les feuilles de l'automne tombent et sont flétries, ainsi, — ainsi elle aussi s'est desséchée pour moi. A peu près comme je suis venu, — je m'en vais. — Même le haut courage — qui me soutenait souvent dans les beaux jours d'été, — il s'est évanoui. — O Providence, — fais-moi apparaître une fois un pur jour de *joie*! — Il y a si longtemps que la

résonance profonde de la vraie joie m'est
étrangère! — oh! quand — oh! quand, ô
Divinité! pourrai-je encore la sentir dans le
Temple de la nature et des hommes? — Jamais?
— Non! — Oh! ce serait trop cruel!

LETTRES

AU PASTEUR AMENDA, EN COURLANDE[1]

Mon cher, mon bon Amenda, mon ami de tout cœur, avec une émotion profonde, avec un mélange de douleur et de joie j'ai reçu et lu ta dernière lettre. A quoi puis-je comparer ta fidélité, ton attachement envers moi! Oh! cela est bien bon, que tu me sois toujours resté si ami. Oui, j'ai mis ton dévouement à l'épreuve, et je sais faire la distinction de toi et de tous les autres. Tu n'es pas un ami de Vienne, non, tu es un de ceux comme le sol de ma patrie a coutume d'en porter! Combien je te souhaite souvent auprès de moi! car ton Beethoven est profondément malheureux. Sache que la plus

1. Probablement écrit en 1801.

noble partie de moi-même, mon ouïe, s'est beaucoup affaiblie. Déjà, à l'époque où tu étais près de moi, j'en sentais les symptômes, et je le cachais; depuis, cela a toujours été pire. Si cela pourra jamais être guéri, il faut attendre (pour le savoir); cela doit tenir à mon affection du ventre. Pour celle-ci, je suis presque tout à fait rétabli; mais pour l'ouïe, se guérira-t-elle? Naturellement, je l'espère; mais c'est bien difficile, car de telles maladies sont les plus incurables. Comme je dois vivre tristement, éviter tout ce qui m'est cher, et cela parmi des hommes si misérables, si égoïstes!... — Entre tous, je puis dire que l'ami le plus éprouvé est pour moi Lichnowsky. Depuis l'année passée, il m'a donné 600 florins : cela et la vente fructueuse de mes œuvres me met en état de vivre sans le souci du pain à gagner. Tout ce que j'écris maintenant, je puis le vendre aussitôt cinq fois, et être bien payé. — J'ai écrit pas mal de choses, ces derniers temps; et puisque j'apprends que tu as commandé des

pianos chez..., je veux t'envoyer différentes
œuvres dans l'emballage de l'un d'eux, pour
que cela te coûte moins cher.

Maintenant, pour ma consolation, est venu
ici un homme, avec qui je puis jouir du plaisir
de la conversation et de l'amitié désintéressée :
c'est un de mes amis de jeunesse[1]. Je lui ai
souvent parlé de toi, et je lui ai dit que,
depuis que j'ai quitté ma patrie, tu es un de
ceux que mon cœur a élus. — Lui non plus
n'aime pas le...[2]. Il est et reste trop faible pour
l'amitié. Je le regarde, lui et..., comme de purs
instruments, dont je joue, quand il me plaît :
mais ils ne peuvent être jamais de nobles
témoins de mon activité, pas plus qu'ils ne
peuvent vraiment participer à ma vie; je les
taxe seulement d'après les services qu'ils me
rendent. Oh! comme je serais heureux, si
j'avais tout l'usage de mon ouïe! Je courrais

1. Stephan von Breuning.
2. Zmeskall (?). Il était secrétaire aulique à Vienne, et
resta dévoué à Beethoven.

alors vers toi. Mais je dois rester à l'écart de
tout; mes plus belles années s'écouleront sans
que j'aie accompli tout ce que mon talent et
ma force m'auraient commandé. — Triste résignation, où je dois me réfugier! Sans doute, je
me suis proposé de me mettre au-dessus de
tous ces maux; mais comment cela me sera-t-il
possible? Oui, Amenda, si dans six mois mon
mal n'est pas guéri, j'exige de toi que tu laisses
tout, et que tu viennes auprès de moi; alors je
voyagerai (mon jeu et ma composition souffrent
encore très peu de mon infirmité; c'est seulement dans la société qu'elle est le plus sensible);
tu seras mon compagnon : je suis convaincu
que le bonheur ne me manquera pas; avec quoi
ne pourrais-je pas me mesurer maintenant!
Depuis que tu es parti, j'ai écrit de tout, jusqu'à
des opéras et de la musique d'église. Oui, tu ne
refuseras pas; tu aideras ton ami à porter son
mal, ses soucis. J'ai aussi beaucoup perfectionné
mon jeu de pianiste, et j'espère que ce voyage
pourra aussi te faire plaisir. Après, tu resteras

éternellement auprès de moi. — J'ai reçu exactement toutes tes lettres ; si peu que j'y aie répondu, tu m'as toujours été présent, et mon cœur bat pour toi avec la même tendresse. — Ce que je t'ai dit de mon ouïe, je te prie de le garder comme un grand secret, et de ne le confier à personne, quel qu'il soit. — Écris-moi très souvent. Tes lettres, même quand elles sont si courtes, me consolent et me font du bien. J'en attends bientôt une autre de toi, mon bien cher. — Je ne t'ai pas envoyé ton quatuor[1] parce que je l'ai tout à fait remanié, depuis que je commence à savoir écrire convenablement des quatuors : ce que tu verras, quand tu les recevras. — Maintenant, adieu, cher bon ! Si tu crois que je puisse faire pour toi quelque chose qui te soit agréable, il va de soi que tu dois le dire à ton fidèle L. v. Beethoven, qui t'aime sincèrement

1. Op. 18, numéro 1.

AU DOCTEUR FRANZ GERHARD WEGELER

Vienne, 29 juin (1801).

Mon bon cher Wegeler, combien je te remercie de ton souvenir! Je l'ai si peu mérité, si peu cherché à le mériter; et pourtant tu es si bon, tu ne te laisses rebuter par rien, même par mon impardonnable négligence; tu restes toujours le fidèle, bon, loyal ami. — Que je puisse t'oublier, vous oublier, vous tous qui m'avez été si chers et si précieux, non, ne le crois pas! Il y a des moments où je soupire après vous, où je voudrais passer quelque temps auprès de vous. — Ma patrie, la belle contrée où je vis la lumière du monde, m'est toujours aussi clairement et nettement présente que lorsque je vous ai quittés. Ce sera un des plus heureux instants de ma vie, que celui où je pourrai vous revoir et saluer notre père le Rhin. — Quand cela sera, je ne puis encore te le dire avec exactitude. — Du moins, je veux vous dire que vous me retrouverez plus grand : je ne parle pas de l'artiste, mais aussi de l'homme, qui vous semblera meilleur, plus accompli; et si le bien-être n'a pas un peu augmenté dans notre patrie, mon art doit se consacrer à l'amélioration du sort des pauvres....

Tu veux savoir quelque chose de ma situation : eh bien, cela ne va pas trop mal. Depuis l'an passé, Lichnowski, qui (si incroyable que cela puisse te paraître, même quand je te le dis) a toujours été et est resté mon ami le plus chaud — (il y a bien eu de petites mésintelligences entre nous; mais elles ont affermi notre amitié), — Lichnowski m'a versé une pension de

600 florins, que je dois toucher, aussi longtemps que je ne trouverai pas de position qui
me convienne. Mes compositions me rap-
portent beaucoup, et je puis dire que j'ai plus
de commandes que je n'y puis satisfaire. Pour
chaque chose, j'ai six, sept éditeurs, et encore
plus, si je veux m'en donner la peine. On ne
discute plus avec moi : je fixe un prix, et on
le paie. Tu vois comme c'est charmant. Par
exemple, je vois un ami dans le besoin,
et ma bourse ne me permet pas de lui
venir en aide : je n'ai qu'à me mettre à ma
table de travail ; et, en peu de temps, je l'ai
tiré d'affaire. — Je suis aussi plus économe
qu'autrefois....

Malheureusement, un démon jaloux, ma
mauvaise santé, est venu se jeter à la traverse.
Depuis trois ans, mon ouïe est toujours
devenue plus faible. Cela doit avoir été causé
par mon affection du ventre, dont je souffrais
déjà autrefois, comme tu sais, mais qui a
beaucoup empiré ; car je suis continuellement

affligé de diarrhée, et, par suite, d'une extraordinaire faiblesse. Frank voulait me tonifier
avec des reconstituants, et traiter mon ouïe par
l'huile d'amandes. Mais *prosit!* cela n'a servi à
rien; mon ouïe a toujours été plus mal, et mon
ventre est resté dans le même état. Cela
a duré ainsi jusqu'à l'automne dernier, où j'ai
été souvent au désespoir. Un âne de médecin
me conseilla des bains froids; un autre, plus
avisé, des bains tièdes du Danube : cela fit mer-
veille; mon ventre s'améliora, mais mon ouïe
resta de même, ou devint encore plus malade.
Cet hiver, mon état fut vraiment déplorable :
j'avais d'effroyables coliques et je fis une rechute
complète. Je restai ainsi jusqu'au mois dernier,
où j'allai voir Vering; car je pensai que mon
mal réclamait plutôt un chirurgien, et, du reste,
j'ai toujours eu confiance en lui. Il réussit à
couper presque complètement cette violente
diarrhée; il m'ordonna des bains tièdes du
Danube, dans lesquels il me faisait verser une
fiole de liqueurs fortifiantes; il ne me donna

aucune médecine, sauf, depuis quatre jours environ, des pilules pour l'estomac et une sorte de thé pour les oreilles. Je m'en trouve mieux et plus fort ; il n'y a que mes oreilles qui bruissent et mugissent (*sausen und brausen*) nuit et jour. Je puis dire que je mène une vie misérable. Depuis presque deux ans, j'évite toute société, parce que je ne puis pas dire aux gens : « Je suis sourd ». Si j'avais quelque autre métier, cela serait encore possible ; mais dans le mien, c'est une situation terrible. Que diraient de cela mes ennemis, dont le nombre n'est pas petit !

Pour te donner une idée de cette étrange surdité, je te dirai qu'au théâtre je dois me mettre tout près de l'orchestre pour comprendre les acteurs. Je n'entends pas les sons élevés des instruments et des voix, si je me place un peu loin. Dans la conversation, il est surprenant qu'il y ait des gens qui ne l'aient jamais remarqué. Comme j'ai beaucoup de distractions, on met tout sur leur compte. Quand on parle doucement, j'entends à peine; oui, j'entends bien les sons, mais pas les mots; et d'autre part, quand on crie, cela m'est intolérable. Ce qui en adviendra, le ciel le sait. Vering dit que cela s'améliorera certainement, si cela ne guérit pas tout à fait. — Bien souvent, j'ai maudit mon existence et le Créateur[1]. Plutarque m'a conduit à la résignation. Je veux, si toutefois cela est possible, je veux braver mon destin; mais il y a des moments de ma vie où je suis la plus misérable créature de Dieu. — Je te supplie de ne rien dire de mon état à personne, même pas à Lorchen[2]; je te le confie sous le sceau du secret. Il me serait agréable que tu écrives à ce sujet à Vering. Si mon état doit durer, je viendrai, le printemps prochain, auprès de toi; tu me loueras, dans quelque beau pays, une maison de campagne, et je veux me refaire paysan pour six mois. Peut-être cela me

1. Nohl, dans son édition des *Lettres de Beethoven*, a supprimé les mots : *und den Schöpfer* (et le Créateur).
2. Éléonore.

fera-t-il du bien. Résignation! quel triste refuge! et pourtant, c'est le seul qui me reste! — Tu me pardonnes de t'apporter encore ce souci d'amitié au milieu de tous tes ennuis.

Steffen Breuning est maintenant ici, et nous sommes presque tous les jours ensemble. Cela me fait tant de bien d'évoquer les sentiments passés! Il est devenu vraiment un bon et excellent jeune homme, qui sait quelque chose, et qui a (comme nous tous plus ou moins) le cœur à la bonne place....

Je veux écrire aussi à la bonne Lorchen. Jamais je n'ai oublié un seul de vous, chers bons, même si je ne vous donne aucun signe de vie; mais écrire, tu le sais, n'a jamais été mon fort; mes meilleurs amis sont restés des années sans recevoir une lettre de moi. Je ne vis que dans mes notes; à peine une œuvre est terminée, qu'une autre est déjà commencée. A la façon dont je travaille maintenant, je fais souvent trois ou quatre choses à la fois. —

Écris-moi plus souvent; je veux tâcher de trouver le temps de te répondre. Salue tout le monde de ma part....

Adieu, bon, fidèle Wegeler! Sois assuré de l'affection et de l'amitié de ton Beethoven.

A WEGELER

Mon bon Wegeler! je te remercie pour ta nouvelle marque de sollicitude, d'autant plus que je la mérite si peu. — Tu veux savoir comment je vais, et ce dont j'ai besoin. Si peu agréable qu'il me soit de m'entretenir de ce sujet, je le fais pourtant plus volontiers avec toi.

Vering me pose toujours depuis des mois des vésicatoires sur les deux bras.... Ce traitement m'est extrèmement désagréable; sans parler des douleurs, je suis constamment privé pour un ou deux jours de l'usage de mes bras.... Je dois convenir que le bruissement et le bourdonnement sont un peu plus faibles qu'autrefois, surtout à l'oreille gauche, par laquelle justement ma surdité a commencé; mais mon ouïe ne s'est certainement améliorée en rien jusqu'à présent; je n'ose pas décider si elle n'est pas devenue encore pire. — Mon ventre va mieux; surtout quand j'use pendant quelques jours des bains tièdes, je me trouve assez bien, huit ou dix jours. De loin en loin, je prends quelque chose de fortifiant pour l'estomac; je commence aussi, d'après ton conseil, des applications d'herbes sur le ventre. — Vering ne veut pas entendre parler des douches. Du reste, je ne suis pas très content de lui. Il a vraiment trop peu de soins et d'attention pour une telle maladie; si je n'allais pas chez lui — et cela m'est très difficile, — je ne le verrais jamais. — Que penses-tu de Schmidt? Je ne change pas volontiers; mais il me semble que Vering est trop praticien, pour renouveler beaucoup ses idées par la lecture. — Schmidt me semble en ceci un tout autre homme, et ne serait peut-être pas aussi négligent. — On dit merveilles du galvanisme; qu'en penses-tu? Un médecin m'a dit qu'il avait vu un enfant sourd-muet recouvrer l'ouïe, et un homme, sourd depuis sept ans, guéri également. — Justement, j'apprends que Schmidt fait des expériences là-dessus.

Je vis de nouveau un peu plus agréablement; je me mêle davantage parmi les hommes. Tu peux à peine croire quelle vie de solitude et de tristesse j'ai menée depuis deux ans. Mon infirmité se dressait partout devant moi, comme un spectre, et je fuyais les hommes. Je devais paraître misanthrope, et je le suis pourtant si peu! — Ce changement, une chère, charmante fille l'a accompli; elle m'aime, et je l'aime : voici de nouveau quelques moments heureux, depuis deux ans; et c'est la première fois que je sens que le mariage pourrait donner le bonheur. Malheureusemeut, elle n'est pas de

ma condition; — et maintenant, — à dire vrai,
je ne pourrais pas encore me marier : il faut
que je me remue bravement encore. N'était
mon ouïe, j'aurais depuis longtemps parcouru
la moitié du monde; et cela, je dois le faire. —
Il n'y a pas de plus grand plaisir pour moi, que
d'exercer mon art, et de le montrer. — Ne
crois pas que je serais heureux chez vous. Qui
pourrait me rendre heureux encore? Même
votre sollicitude me serait à charge; je lirais à
chaque instant la compassion sur votre visage,
et je me trouverais encore plus misérable. —
Ces beaux pays de ma patrie, qu'est-ce qui
m'attirait vers eux? Rien que l'espoir d'une
meilleure situation; et j'y serais parvenu sans
ce mal! Oh! si j'étais libre de ce mal, je voudrais embrasser le monde! Ma jeunesse, oui,
je le sens, ne fait que commencer; n'ai-je pas
toujours été souffrant? Ma force physique croît
plus que jamais, depuis quelque temps, avec
ma force intellectuelle. Chaque jour, j'approche davantage du but que j'entrevois, sans

pouvoir le définir. Seulement dans de telles pensées ton Beethoven peut vivre. Point de repos! — Je n'en connais pas d'autre que le sommeil; et je suis assez malheureux de devoir lui accorder plus de temps qu'autrefois. Que je sois seulement à moitié délivré de mon mal, et alors, — comme un homme plus maître de lui, plus mûr, je viens à vous, et je resserre nos vieux liens d'amitié.

Vous devez me voir aussi heureux qu'il m'est accordé de l'être ici-bas, — mais pas malheureux. — Non, cela je ne pourrais le supporter! Je veux saisir le destin à la gueule. Il ne me courbera certainement pas tout à fait. — Oh! cela est si beau de vivre la vie mille fois! — Pour une vie tranquille, non, je le sens, je ne suis plus fait pour elle.

... Mille bonnes choses à Lorchen.... — Tu m'aimes bien un peu, n'est-ce pas? Sois sûr de mon affection et de mon amitié. Ton

BEETHOVEN.

LETTRE DE WEGELER ET D'ÉLÉONORE VON BREUNING A BEETHOVEN[1]

Coblentz, 28 décembre 1825.

Mon cher vieux Louis,

Je ne puis laisser partir pour Vienne un des dix enfants de Ries, sans me rappeler à ton souvenir. Si, depuis vingt-huit ans que j'ai quitté Vienne, tu n'as pas reçu une longue lettre tous les deux mois, tu peux en accuser ton silence après les premières lettres que je t'ai

1. Il m'a semblé qu'il n'était pas sans intérêt de donner les deux lettres suivantes, qui font connaître ces excellentes gens, les plus fidèles amis de Beethoven. Aux amis, on juge l'homme.

envoyées. Cela n'est pas bien, et maintenant surtout ; car nous autres vieilles gens, nous vivons si volontiers dans le passé, et nous trouvons par-dessus tout plaisir aux images de notre jeunesse. Pour moi du moins, ma connaissance et mon étroite amitié avec toi, grâce à ta bonne mère que Dieu bénisse, est un point lumineux de ma vie, vers lequel je me tourne avec plaisir.... Je lève les yeux vers toi, comme vers un héros, et je suis fier de pouvoir dire : « Je n'ai pas été sans influence sur son développement ; il me confiait ses souhaits et ses rêves ; et quand plus tard, il fut si souvent méconnu, je savais bien ce qu'il voulait. » Dieu soit loué que je puisse parler de toi avec ma femme, et maintenant avec mes enfants ! La maison de ma belle-mère était davantage ta maison que ta propre maison, surtout après la mort de ta noble mère. Dis-nous seulement une fois encore : « Oui, je pense à vous, dans la joie, dans la tristesse ». L'homme, même quand il s'est élevé aussi haut que toi, n'est heureux

qu'une fois dans sa vie : c'est quand il était
jeune. Aux pierres de Bonn, à Kreuzberg, à
Godesberg, à la Pépinière, etc., tes idées doivent maintes fois joyeusement s'attacher.

Je veux maintenant te parler de moi, de nous,
pour te donner un exemple de la manière dont
tu dois me répondre.

Après mon retour de Vienne, en 1796, cela
alla assez mal pour moi; pendant plusieurs
années, je dus vivre seulement de mes consul-
tations, comme médecin; et cela dura quelques
années dans cette contrée misérable, avant que
j'eusse le nécessaire. Puis je devins professeur
avec un traitemeut, et je me mariai en 1802.
L'année d'après, j'eus une fille, qui vit encore
et qui est tout à fait accomplie. Elle a, avec un
jugement très droit, la sérénité de son père, et
elle joue à ravir des sonates de Beethoven. Elle
n'y a pas de mérite : c'est un don inné. En 1807,
j'ai eu un garçon, qui étudie maintenant la
médecine à Berlin. Dans quatre ans, je l'envoie
à Vienne : prendras-tu soin de lui?... J'ai fêté

au mois d'août mon soixantième anniversaire de naissance, en compagnie d'une soixantaine d'amis et de connaissances, parmi lesquels les premières gens de la ville. Depuis 1807, j'habite ici, j'ai maintenant une belle maison et une bonne place. Mes supérieurs sont contents de moi, et le roi m'a donné des ordres et des médailles. Lore et moi nous allons assez bien. — Maintenant, je t'ai fait connaître entièrement notre situation. A ton tour....

Ne voudras-tu jamais détacher tes yeux de la tour de Saint-Étienne? Le voyage n'a-t-il pas de charme pour toi? Ne voudras-tu jamais plus revoir le Rhin? — De madame Lore toutes sortes de choses cordiales, ainsi que de moi.

Ton très vieux ami

WEGELER.

Coblentz, 29 décembre 1825.

Cher Beethoven, depuis si longtemps cher!
C'était mon désir que Wegeler vous écrivît
de nouveau. — Maintenant que ce désir est
accompli, je crois devoir ajouter encore deux
mots, — non pas seulement pour me rappeler
davantage à votre souvenir, mais pour renouveler la demande pressante si vous n'avez donc
plus aucun désir de revoir le Rhin et votre lieu
de naissance — et de faire à Wegeler et à moi
la plus grande des joies. Notre Lenchen vous
remercie de tant d'heures heureuses; — elle a
tant de plaisir à entendre parler de vous; —
elle sait toutes les petites aventures de notre

joyeuse jeunesse à Bonn, — de la brouille
et du raccommodement.... Comme elle serait
heureuse de vous voir! — La petite n'a malheureusement aucun talent pour la musique;
mais elle a tant fait, avec tant d'application
et de persévérance, qu'elle peut jouer vos
sonates, variations, etc.; et comme la musique
reste toujours le plus grand délassement pour
Weg., elle lui procure ainsi maintes heures
agréables. Julius a du talent pour la musique,
mais jusqu'à présent il était négligent; —
depuis six mois, il apprend le violoncelle avec
plaisir et joie; et, comme il a à Berlin un
bon professeur, je crois qu'il fera encore des
progrès. — Les deux enfants sont grands et
ressemblent au père, — aussi pour la belle
et bonne humeur que Weg., grâce à Dieu,
n'a pas encore tout à fait perdue.... Il a un
grand plaisir à jouer les thèmes de vos variations; les anciens ont la préférence, mais
souvent il joue un des nouveaux avec une
incroyable patience. — Votre *Opferlied* est

placé au-dessus de tout; jamais Weg. ne va
dans sa chambre sans se mettre au piano. —
Ainsi, cher Beethoven, vous pouvez voir combien est toujours durable et vivant le souvenir
que nous avons de vous. — Dites-nous donc
une fois que cela a quelque prix pour vous,
et que nous ne sommes pas tout à fait oubliés.
— S'il n'était pas si difficile souvent d'accomplir nos plus chers désirs, nous aurions déjà été
faire visite à mon frère, à Vienne, pour avoir
le plaisir de vous voir; — mais à un tel voyage
il ne faut pas penser, maintenant que notre fils
est à Berlin. — Weg. vous a dit comment
cela va pour nous : — nous aurions tort de
nous plaindre. — Même le temps le plus difficile a été meilleur pour nous que pour cent
autres. — Le plus grand bonheur est que nous
allons bien, et que nous avons de bons et
braves enfants. — Oui, ils ne nous ont fait
encore aucune peine, et ils sont gais, et de
bons petits. — Lenchen a eu seulement un
gros chagrin : — c'est quand notre pauvre

Burscheïd est mort ; — une perte nous que
tous n'oublierons jamais. Adieu, cher Beethoven, et pensez à nous en toute loyale
bonté.

E_{LN}. W_{EGELER}.

BEETHOVEN A WEGELER

Vienne, 7 octobre 1826 [1].

Mon vieux ami aimé !

Quel plaisir m'a fait ta lettre et celle de ta Lorchen, je ne puis pas l'exprimer. Certainement j'aurais dû te répondre aussitôt; mais je suis un peu négligent, surtout pour écrire, parce que je pense que les meilleures gens me connaissent sans cela. Dans ma tête je fais souvent la réponse; mais quand je veux la

1. On remarquera que les amis de ce temps, même quand ils s'aimaient le mieux, étaient d'une affection moins impatiente que la nôtre. Beethoven répond à Wegeler *dix mois* après sa lettre.

mettre par écrit, le plus souvent je jette ma plume au loin, parce que je ne suis pas en état d'écrire comme je sens. Je me souviens de toute l'affection que tu m'as toujours montrée, par exemple quand tu as fait blanchir ma chambre, et que tu m'as si agréablement surpris. Aussi de la famille Breuning. Qu'on se soit séparé les uns des autres, c'était dans le cours naturel des choses : chacun devait poursuivre le but qu'il s'était désigné, et chercher à l'atteindre ; seuls les principes éternellement inébranlables du bien nous ont retenus toujours fermement unis ensemble. Malheureusement, je ne puis pas t'écrire aujourd'hui autant que je voudrais, parce que je suis alité....

J'ai toujours la silhouette de ta Lorchen ; (je le le dis) pour que tu voies comme tout ce qu'il y a eu de bon et de cher dans ma jeunesse m'est toujours précieux.

... On dit chez moi : *Nulla dies sine linea*, et je laisse pourtant la muse dormir ; mais c'est

pour qu'elle se réveille plus forte ensuite.
J'espère encore mettre au monde quelques
grandes œuvres ; et puis, comme un vieil enfant,
je terminerai ma carrière terrestre parmi les
braves gens [1].

… Parmi les marques d'honneur que j'ai
reçues, et qui, je le sais, te feront plaisir, je
t'annonce que j'ai reçu du roi de France défunt
une médaille, avec l'inscription : *Donnée par
le Roi à monsieur Beethoven* ; elle était accompagnée d'un écrit très obligeant du *premier
gentilhomme du Roi Duc de Châtres* [2].

Mon ami bien cher, contente-toi de ceci
pour aujourd'hui. Le souvenir du passé me
saisit, et ce n'est pas sans d'abondantes larmes
que je t'envoie cette lettre. Ceci n'est qu'un
commencement ; bientôt tu recevras une nouvelle lettre ; et plus tu m'écriras, plus tu me
feras plaisir. Cela n'a pas besoin de se demander,

1. Beethoven ne se doutait pas qu'il écrivait alors sa dernière œuvre : le second *finale* de son quatuor op. 130. Il était chez son frère, à Gneixendorf, près de Krems, sur le Danube.
2. Duc d'Achât (?)

quand on est amis comme nous le sommes. Adieu. Je te prie d'embrasser tendrement en mon nom ta chère Lorchen et tes enfants, et de penser à moi. Dieu soit avec vous tous!

Comme toujours ton fidèle vrai ami qui t'estime,

BEETHOVEN.

A WEGELER

Vienne, 17 février 1827.

Mon vieux et digne ami!

J'ai reçu heureusement de Breuning ta
seconde lettre. Je suis encore trop faible pour
y répondre; mais tu peux penser que tout ce
que tu dis m'est bienvenu, et que je le désire.
Pour ma convalescence, si je peux la nommer
ainsi, cela va bien lentement encore; il est à
présumer qu'il faut s'attendre à une quatrième
opération, bien que les médecins n'en disent
rien. Je prends patience et je pense : tout mal
apporte avec lui quelque bien.... Combien de

choses je voudrais te dire encore aujourd'hui !
Mais je suis trop faible : je ne puis plus rien
que t'embrasser dans mon cœur, toi et ta
Lorchen. Avec vraie amitié et attachement à
toi et aux tiens,

Ton vieux fidèle ami,

BEETHOVEN.

Vienne, 14 mars 1827.

Mon cher Moscheles !

... Le 27 février, j'ai été opéré pour la quatrième fois ; et maintenant se montrent de nouveau des indices certains que je dois bientôt m'attendre à une cinquième opération. Où tout cela aboutira-t-il, et qu'arrivera-t-il de moi, si cela dure encore quelque temps ? — Vraiment c'est un dur lot que le mien. Mais je me remets en la volonté du destin, et je prie Dieu seulement qu'il veuille bien décider, dans sa divine volonté, qu'aussi longtemps que je dois

9

souffrir la mort en vie, je sois à l'abri du besoin [1]. Cela me donnera la force de supporter mon lot, si dur et si terrible qu'il puisse être, avec résignation à la volonté du Très-Haut.

. . Votre ami,

L. v. BEETHOVEN.

1. Beethoven, près de manquer d'argent, s'était adressé à la Société philharmonique de Londres, et à Moscheles, alors en Angleterre, pour tâcher d'organiser un concert à son bénéfice. La Société eut la générosité de lui envoyer aussitôt cent livres sterling comme acompte. Il en fut ému jusqu'au fond du cœur. « C'était un spectacle déchirant, dit un ami, de le voir, au reçu de cette lettre, joignant les mains, et sanglotant de joie et de reconnaissance. » Dans l'émotion, la blessure de sa plaie se rouvrit. Il voulut encore dicter une lettre de remerciements aux « nobles Anglais, qui avaient pris part à son triste sort »; il leur promettait une œuvre : sa Dixième Symphonie, une Ouverture, tout ce qu'ils voudraient. « Jamais encore, disait-il, je n'ai entrepris une œuvre avec autant d'amour, que je le ferai pour celle-ci. » Cette lettre est du 18 mars. Le 26 il était mort.

PENSÉES DE BEETHOVEN

SUR LA MUSIQUE

Il n'y a pas de règle qu'on ne peut blesser à cause de Schöner. *(« Plus beau [1] ».)*

* * *

La musique doit faire jaillir le feu de l'esprit des hommes.

* * *

La musique est une révélation plus haute que la sagesse et la philosophie. --- *Je sais que Dieu est plus près de moi que des autres, dans mon art. --- qui pénètre le sens de ma musique doit s'affranchir de toute la misère, que traînent après eux les autres hommes.* (2)

1. En français dans le texte, sauf le dernier mot.

2. Goethes Briefwechsel mit einem Kinde (Lettre de Bettina à Goethe, 28... 1810).

* *
*

Il n'y a rien de plus beau que de s'approcher de la divinité, et d'en répandre les rayons sur la race humaine.

* *
*

Pourquoi j'écris? — Ce que j'ai dans le cœur, il faut que cela sorte; et c'est pour cela que j'écris.

* *
*

Croyez-vous que je pense a un sacré violon, quand l'Esprit me parle, et que j'écris ce qu'il me dicte?

(A SCHUPPANZIGH.)

* *
*

D'après ma façon habituelle de composer,

même pour la musique instrumentale, j'ai
toujours l'ensemble devant les yeux.

(A Treitschke.)

*
* *

Ecrire sans piano est nécessaire.... Peu à peu
naît la faculté de se représenter ce que nous
désirons et sentons, qui est un besoin si essen-
tiel aux nobles êtres.

(A l'archiduc Rodolphe.)

*
* *

Décrire appartient à la peinture. La poésie
peut aussi, en cela, s'estimer heureuse, en
comparaison de la musique; son domaine n'est
pas aussi limité que le mien; mais, en revanche,
le mien s'étend plus loin dans d'autres régions;
et l'on ne peut pas atteindre si facilement mon
empire.

(A Wilhelm Gerhard.)

* *

La liberté et le progrès sont le but dans l'art, comme dans la vie tout entière. Si nous ne sommes pas aussi solides que les maîtres anciens, le raffinement de la civilisation a du moins élargi bien des choses.

(A l'archiduc Rodolphe.)

* *

Je n'ai pas l'habitude de retoucher mes compositions (une fois terminées). Je ne l'ai jamais fait, pénétré de cette vérité, que tout changement partiel altère le caractère de la composition.

(A Thomson.)

* *

La pure musique d'église devrait être exécutée seulement par les voix, à part le *Gloria*, ou tel autre texte de ce genre. C'est pourquoi je préfère Palestrina ; mais c'est une absurdité de l'imiter, sans posséder son esprit, ni ses conceptions religieuses.

(A l'organiste Freudenberg.)

***

Quand votre élève a, au piano, le doigté convenable, la mesure juste, et qu'il joue les notes assez exactement, attachez-vous seulement au style, ne l'arrêtez pas à de petites fautes, ne les lui faites remarquer qu'à la fin du morceau. — Cette méthode forme des *musiciens*, ce qui, après tout, est un des premiers buts de l'art musical.... Pour les passages (de virtuosité), faites-lui employer tour à tour tous les doigts.... Sans doute, en employant moins de doigts, on obtient un jeu « perlé », comme on dit, ou « comme une

   BEETHOVEN.

perle »; mais on aime mieux parfois d'autres bijoux[1].

(A Czerny.)

*
*

Parmi les anciens maîtres, seuls Haendel l'Allemand et Sébastien Bach eurent du génie.

(A l'archiduc Rodolphe, 1819.)

*
* *

Mon cœur bat tout entier pour le haut et grand art de Sébastien Bach, ce patriarche de l'harmonie (*dieses Urvaters der Harmonie*).

(A Hofmeister, 1801.)

---

1. « Le jeu de Beethoven, comme pianiste n'était pas correct, et sa manière de doigter était souvent fautive ; la qualité du son était négligée. Mais qui pouvait songer à l'instrumentiste? On était absorbé par ses pensées, comme ses mains devaient les exprimer, de quelque manière que ce fût. » (Baron de Trémont, 1809.)

*
* *

En tout temps, j'ai été des plus grands admirateurs de Mozart, et je le resterai jusqu'à mon dernier souffle.

(A l'abbé STADLER, 1826.)

*
* *

J'estime vos œuvres au-dessus de toutes les autres œuvres de théâtre. Je suis dans le ravissement, chaque fois que j'entends une nouvelle œuvre de vous, et j'y prends un intérêt plus grand qu'aux miennes propres : bref, je vous estime et je vous aime.... *Vous resterez tousjours celui de mes contemporains, que je l'estime le plus. Si vous mes voulez faire un estréme plaisir, c'étoit, si Vous m'écrivez quelques lignes, ce que me soulagera bien. L'art unit tout le monde,* combien plus les vrais artistes;

et peut-être Vous me dignez aussi de me compter de ce nombre [1].

(A Cherubini, 1823.)

---

[1]. Les mots soulignés, avec leur orthographe défectueuse, sont en français dans le texte.

Nous avons dit plus haut qu'à cette lettre Cherubini ne répondit jamais.

SUR LA CRITIQUE

En ce qui me concerne comme artiste, on n'a jamais entendu dire que j'aie fait la moindre attention à tout ce qu'on a pu écrire sur moi.

(A Schott, 1825.)

*
* *

Je pense comme Voltaire « que quelques piqûres de mouches ne peuvent retenir un cheval dans sa course ardente ».

(1826.)

*
* *

Quant à ces imbéciles, il n'y a qu'à les

laisser causer. Leur bavardage ne rendra
certainement personne immortel, pas plus qu'il
n'enlèvera l'immortalité à aucun de ceux à qui
Apollon l'a destinée.

(1801.)

BIBLIOGRAPHIE

BIBLIOGRAPHIE

———

Si l'on désire mieux connaître Beethoven,
on pourra recourir aux ouvrages et documents
principaux, dont voici une liste sommaire :

I. — POUR LES LETTRES DE BEETHOVEN

Ludwig Nohl. — *Briefe Beethovens*, 1865, Stuttgart.

Ludwig Nohl. — *Neue Briefe Beethovens*, 1867, Stuttgart.

Ludwig Ritter von Koechel. — 83 *Original-*

Dr Alfr. Chr. Kalischer. — Beethoven, sämtliche Briefe, édition critique — 5 vol. 1908. Berlin & [illegible]

Briefe L. V. B. an den Erzherzog Rudolph. 1865, Vienne.

ALFRED SCHOENE. — *Briefe von Beethoven an Marie Graefin Erdoedy, geb. Graefin Niszky und Mag. Brauchle*. 1866, Leipzig.

THEODOR VON FRIMMEL. — *Neue Beethoveniana*. 1886.

Katalog der mit der Beethoven-Feier zu Bonn, an 11-15 mai 1890 verbundenen Ausstellung von Handschriften, Briefen, Bildnissen, Reliquien Ludwig van Beethoven's. 1890, Bonn.

LA MARA. — *Musikerbriefe aus fünf Jahrhunderten*. 1892, Leipzig.

Dr A. CHRISTIAN KALISCHER. — *Neue Beethoven-Briefe*. 1902, Berlin et Leipzig.

Dr A. CHR. KALISCHER. — *Beethoven's Sämmtliche Briefe*, Kritische Ausgabe mit Erlaüterungen. 1906, Berlin.

Dr FRITZ PRELINGER. — *Beethovens Sämmtliche Briefe und Aufzeichnungen*. 1907, Vienne et Leipzig, 3 vol.

Un choix des lettres de Beethoven a été publié, en traduction française, avec introduction et notes de Jean Chantavoine, 1904, Paris.

II. — POUR LA VIE DE BEETHOVEN

Gottfried Fischer. — *Manuscrit* (intéressant surtout pour l'enfance de Beethoven. — Fischer, mort à Bonn en 1864, était propriétaire de la maison, où vécurent deux générations de la famille Beethoven. Lui et sa sœur Cæcilia connurent intimement Beethoven enfant, et notèrent leurs souvenirs, qui sont précieux, à condition qu'on en use avec quelque critique.) — Le manuscrit est à la *Beethovenhaus* de Bonn. Deiters (voir plus loin) en a publié des extraits.

F.-G. Wegeler und Ferdinand Ries. — *Biographische Notizen ueber Ludwig van Beethoven* (surtout précieux pour la première moitié de sa vie). 1838, Coblentz. Traduction française 1862 (épuisé). Réimpression par Dᵣ Kalischer 1905.

Ludwig Nohl. — *Eine stille Liebe zu Beethoven.* 1857, Berlin. (Publication du journal de Mlle Fanny Giannatasio del Rio, qui connut et aima Beethoven, vers 1816.)

Anton Schindler. — *Beethovens Biographie*, 1840. Traduction française 1866 (épuisé) (pour la seconde moitié de sa vie).

Anton Schindler. — *Beethoven in Paris*. 1842, Münster.

Gerhard von Breuning. — *Aus dem Schwarzspanierhause*. 1874. (La *Schwarzspanierhaus* est la maison de Vienne où Beethoven est mort. Elle a été détruite pendant l'hiver de 1903.)

Moscheles. — *The life of Beethoven*. 2 vol. 1841, Londres.

Alexander Wheelock Thayer (traduit de l'anglais en allemand, et continué par Hermann Deiters. — *Ludwig van Beethovens Leben*. 5 volumes. Commencé en 1866 ; interrompu par la mort de l'auteur, en 1897, à Trieste, où il était consul des États-Unis ; l'ouvrage s'arrête à l'année 1816. — Deiters a entrepris de le terminer, et de compléter les livres déjà parus ; mais seul, le premier volume de sa traduction a encore été publié. — C'est de beaucoup l'œuvre la plus importante sur Beethoven, au point de vue de la documentation.

Ludwig Nohl. — *Beethovens Leben*. 1864-1877. 4 volumes.

Ludwig Nohl. — *Beethoven nach den Schilderungen seiner Zeitgenossen.* Stuttgart.

A.-B. Marx. — *L. van Beethovens Leben und Schaffen.* 1863, 2 volumes. 5e édition, remaniée par G. Behncke, 1902, Berlin.

Victor Wilder. — *Beethoven, sa vie et son œuvre.* 1883.

Mariam Tenger. — *Beethovens unsterbliche Geliebte.* 1890.

La valeur historique de ce livre a été ~~quelquefois~~ contestée, ~~mais, jusqu'à présent, nous n'avons pas de raisons suffisantes pour lui refuser créance.~~ Mariam Tenger a été la confidente des dernières années de Thérèse. Il est vraisemblable que Thérèse, alors âgée, devait involontairement idéaliser ses souvenirs; mais le fond du récit paraît exact.

A. Ehrhard. — *Franz Grillparzer.* 1900.

Theodor von Frimmel. — *Ludwig van Beethoven* (dans la collection des *Berühmte Musiker*). 1901. Berlin.

August Gœllerich. — *Beethoven* (dans la collection *Die Musik* de R. Strauss), 1903.

Jean Chantavoine. — *Beethoven,* 1907.

Die Musik. — *Beethovenhefte,* Berlin.

III. — POUR L'ŒUVRE DE BEETHOVEN

Beethoven. — *Œuvres complètes*, grande édition critique, Breitkopf und Haertel, Leipzig, 38 volumes.

G. Nottebohm. — *Thematisches Verzeichniss der im Druck erschienenen Werke von Ludwig van Beethoven*, 1868, Leipzig.

A.-W. Thayer. — *Chronologisches Verzeichniss der Werke v. B.* 1865, Berlin.

G. Nottebohm. — *Ein Skizzenbuch von Beetho ven.* 1865.

Nottebohm. — *Ein Skizzenbuch von B. aus dem Jahre 1803.* 1880.

Nottebohm. — *Beethovens Studien.* 1873.

Nottebohm. — *Beethoveniana.* — *Zweite Beetho· veniana.* 1872-87.

George Grove. — *Beethoven and his nine Symphonies*. 1896, Londres.

J.-G. Prodhomme. — *Les symphonies de Beethoven*, 1906.

Alfredo Colombani. — *Le Nove Sinfonie di Beethoven*. 1897, Turin.

Ernst von Elterlein. — *B. Claviersonaten*. 5° édition, 1895.

Willibald Nagel. — *B. und seine Klaviersonaten*, 2 vol. 1903-1905.

Shedlock. — *The pianoforte sonata*. 1900, Londres.

Ch. Czerny. — *Pianoforte-Schule* (Quatrième partie, chapitres II, III).

Theodor Helm. — *B. Streichquartette*, 1885

H. de Curzon. — *Les lieder et airs détachés de B.* 1906.

Otto Jahn. — *Leonore*, Klavierauszug mit Text, nach der zweiten Bearbeitung, 1852.

Dr Erich Prieger. — *Fidelio*, Klavierauszug mit Text, nach der ersten Bearbeitung, 1906.

Wilhelm Weber. — *B. Missa Solemnis.* 1897.

Prof. Dr Richard Sternfeld. — *Zur Einführung in L. v. B. Missa Solemnis.*

Ignaz von Seyfried. — *L. V. B. Studien im Generalbass, Kontrapunkt, und in der Kompositions Lehre.* 1832.

W. de Lenz. — *Beethoven et ses trois styles.* (Analyses des sonates de piano) (épuisé) 1854.

Oulibicheff. — *Beethoven, ses critiques et ses glossateurs,* 1857.

Wasielewski. — *Beethoven.* 2 vol. 1886, Berlin.

R. Schumann. — *Écrits sur la musique et les musiciens,* première série, traduction H. de Curzon, 1894.

Richard Wagner. — *Beethoven,* 1870, Leipzig

L'œuvre musical de *Friedrich Wilhelm Rust* (1739-1796), de Dessau, récemment retrouvé, grâce aux publications qu'un de ses petits-fils a faites de quelques-unes de ses sonates, est utile à connaître, pour qui veut étudier la formation du génie musical de Beethoven. Le plus jeune fils de Rust, Wilhelm-Carl, vécut à Vienne, de 1807 à 1827, et fut en relations avec Beethoven. *Rust, Charles-Philippe-Emma-*

nuel Bach, et les symphonistes de Mannheim ont été les vrais précurseurs de Beethoven. — Voir Hugo Riemann : *Beethoven und die Mannheimer (Die Musik*, 1907-8).

Il y a aussi intérêt à connaître les *lieder* de *Neefe* (1748-1799), déjà tout beethovéniens, et nos musiciens de la Révolution, notamment Cherubini, dont le style, en certaines de ses compositions religieuses et dramatiques, a parfois servi de modèle à Beethoven.

IV. — PORTRAITS DE BEETHOVEN

1789. — *Silhouette de Beethoven à dix-huit ans.*
[Maison de Beethoven, à Bonn; reproduit dans la
biographie de Frimmel, page 16.]

1791-2. — *Miniature de Beethoven*, par GERHARD
VON KUGELGEN. [Appartient à Georg Henschel,
Londres; reproduit dans le *Musical Times* du
15 décembre 92, page 8.]

1801. — *Dessin de G. Stainhauser*, gravé par
JOHANN NEIDL. [Reproduit dans Félix Clément :
Les Musiciens célèbres, 1878, page 267; — Frimmel,
page 28.]

1802. — *Gravure de Scheffner*, d'après STAIN-
HAUSER. [Maison de Beethoven, à Bonn; reproduit
dans *die Musik* du 15 mars 1902, page 1145.]

1802. — *Miniature de Beethoven*, par CHRISTIAN

HORNEMANN. [Appartient à Mme de Breuning, à Vienne; reproduit dans Frimmel, page 31.]

1805. — *Portrait de Beethoven*, par W.-J. MAEHLER. [Appartient à Robert Heimler, Vienne; reproduit dans le *Musical Times*, page 7; Frimmel, page 34.]

1808. — *Dessin de L.-F. Schnorr de Carolsfeld*, lithographié par J. BAUER. [Maison de Beethoven, à Bonn.]

1812. — *Masque de Beethoven*, moulé par FRANZ KLEIN.

1812. — *Buste de Beethoven*, par FRANZ KLEIN, d'après le masque. [Appartient au fabricant de pianos E. Streicher, à Vienne; reproduit dans Frimmel, page 46; — *Musical Times*, page 19.]

1814. — *Dessin de L. Letronne*, gravé par BLASIUS HOEFEL. [Le plus beau portrait de Beethoven; la maison de Beethoven, à Bonn, possède l'exemplaire qu'il offrit à Wegeler; reproduit dans Frimmel, page 51; — *Musical Times*, page 21.]

1815. — *Dessin de L. Letronne*, gravé par Riedel. [Reproduit dans *die Musik*, page 1147.]

1815. — *Deuxième portrait de Beethoven*, par

MAEHLER. [Appartient à Ign. von Gleichenstein, Fribourg-en-Brisgau. Reproduction à la maison de Beethoven, à Bonn.]

1815. — *Portrait de Beethoven*, par CHRISTIAN HECKEL. [Appartient à J.-F. Heckel, Mannheim ; reproduction à la maison de Beethoven, à Bonn.]

1818. — *Gravure d'après le dessin de Beethoven*, par AUG. VON KLOEBER. [Reproduit dans le *Musical Times*, page 25.] — Le dessin original de Klœber est dans la collection du Dr Erich Prieger, à Bonn.

1819. — *Portrait de Beethoven*, par FERDINAND SCHIMON. [Maison de Beethoven, à Bonn ; reproduit dans *die Musik*, page 1149 ; — Frimmel, page 63 ; — *Musical Times*, page 29.]

1819. — *Portrait de Beethoven*, par K.-JOSEPH STIELER. [Appartient à Alex. Meyer Cohn, Berlin· reproduit dans Frimmel, page 71.]

1821. — *Buste de Beethoven*, par ANTON DIETRICH. [Appartient à Léopold Schrœtter de Kristelli ;] reproduction dans la maison de Beethoven, à Bonn.

1824-6. — *Dessins-caricatures de Beethoven se promenant*, par J.-P. LYSER. [Originaux à la *Gesell-*

schaft der Musikfreunde, Vienne; reproduits dans Frimmel, page 67; — *Musical Times*, page 15.]

1823. — *Dessins-caricatures de Beethoven se promenant*, par Jos. van Boehm. [Reproduits dans Frimmel, page 70.]

1823. — *Portrait de Beethoven*, par Waldmueller. [Appartient à Breitkopf et Hærtel, Leipzig; reproduit dans Frimmel, page 72.]

1825-6. — *Dessin de Beethoven*, par Stefan Decker. [Appartient à Georg Decker, Vienne; reproductions à la maison de Beethoven, à Bonn.]

1826. — *Dessin de B.* par A. Dietrich, lithographié par Jos. Kriehuber. [Reproduit dans Frimmel, page 73.]

1826. — *Buste de Beethoven à l'antique*, par Schaller. [Appartient à la Société philharmonique de Londres; copie à la maison de Beethoven, à Bonn; reproduit dans Frimmel, page 74, et dans le *Musical Times*.]

1827. — *Esquisse de Beethoven sur son lit de mort*, par Jos. Danhauser. [Appartient à A. Artaria, Vienne; reproduit dans l'*Allgemeine Musik-Zeitung*, du 19 avril 1901.]

1827. — *Trois esquisses de Beethoven sur son lit de mort*, par TELTSCHER. [Appartiennent au Dr Aug. Heymann; publiées par Frimmel; reproduites dans le *Courrier musical*, du 15 novembre 1909.]

1827. — *Masque de Beethoven mort*, moulé par DANHAUSER. [Maison de Beethoven, à Bonn.]

De nombreux portraits de Beethoven ont été faits depuis sa mort. L'œuvre la plus remarquable qui lui ait été consacrée est le monument de Max Klinger (Vienne, 1902).

TABLE DES MATIÈRES

Préface.   v
Beethoven.   3

LETTRES

Beethoven. — *Testament d'Heiligenstadt* pour mes frères
  Carl et (Johann) Beethoven, *Heiligenstadt, le 6 octo-*
  bre 1802 85
Au pasteur Amenda, en Courlande, *probablement écrit*
  en 1801 97
Au docteur Franz Gerhard Wegeler, *Vienne, 29 juin (1801)*. 102
A Wegeler, *Vienne, 16 novembre 1801.* 110
Lettre de Wegeler et d'Éléonore von Breuning à
  Beethoven :
Lettre de Wegeler, *Coblentz, 28 décembre 1825.* 115
Lettre d'Éléonore Wegeler, *Coblentz, 29 décembre 1825* . 119
Beethoven à Wegeler, *Vienne, 7 octobre 1826.* 123
A Wegeler, *Vienne, 17 février 1827* 127
A Moscheles, *Vienne, 14 mars 1827.* 129

PENSÉES

Sur la musique 133
Sur la critique. 141

BIBLIOGRAPHIE

Pour les lettres de Beethoven. 145
Pour la vie de Beethoven. 147
Pour l'œuvre de Beethoven. 150
Portraits de Beethoven 154

1097-11. — Coulommiers. Imp. PAUL BRODARD. — PS-11.